令和阿房列車で行こう

コラムニスト 乾正人

飛鳥新社

はじめに

鉄道旅行ほど素敵なものはない。

何しろ、何もしないで座っているだけで、見知らぬ土地の素晴らしい風景を眺めることができる。飽きれば居眠りすればいい。

以前、NHKの人気番組「チコちゃんに叱られる!」で放送していたが、電車の中で眠くなるのは、「赤ちゃんが胎内で聞く音や振動と似ている」からなんだとか。道理で列車に乗ると気持ちが落ち着くわけだ。

そして何より、銘酒(めいしゅ)を心ゆくまで飲み干し、駅弁の蓋(ふた)をとり、箸をつける至福のときは、何ものにも代えがたい。

自動車の旅ではこうはいかない。ビールや缶チューハイを少し舐めて運転しただけで、人生を棒に振ってしまった人のなんと多いことか。

自慢ではないが、産経新聞新潟支局に赴任していた2年間(昭和61年から63年まで)に、飲酒もしていないのに二度も自損事故を起こし、2台の車を廃車にした。うち1台は、三菱自動車が誇る頑健なパジェロで、雪でスリップし、橋の欄干(らんかん)にぶつけて大破させてしまった。現場検証にきた警察官に「あなたがかすり傷一つしていないのは、シートベルトをしていたのとパジェロのおかげだよ」と妙な感心のされ方をしたのを今でも覚えている。

あれから35年、一度もハンドルを握ったことがない。おかげでさまで免許証はゴールドカードで、ピンピンしている。自動車がなければ生活ができないアメリカに生まれなくて本当によかった。

大学から就職活動を控えた学生に「就活の心得」のような話をしてくれ、と頼まれることがたまにある。そのときは、偉そうに次のような訓戒を垂れている。

自分で起業するのが一番だが、それが無理なら「好きなことができる会社に行きなさい。そこがダメならイヤなことを無理強いされない会社を選びなさい」と。

「令和阿房列車で行こう」(令和4年9月1日から30日)、「シン・令和阿房列車で行こう」(令和5年5月1日から31日)を産経新聞に連載中、会う人ごとに次のような同じセリフを言われた。

「実に楽しそうに書いてますねぇ」

いえいえ、そんなことはありません。楽しげに見えて、内実は取材や締め切りに追われて結構大変なんですよ。

とかなんとか適当に答えてはいたが、本当は楽しくて仕方がなかった。締め切りが迫らないと一行も書けないのは、どんな原稿でも変わらないので、苦のうちに入らない。

大好きな列車に、会社の経費で威風堂々と乗れるのだ。しかもグランクラスやA寝台に。乏しい小遣いでは、自由席に乗るのだっておっかなびっくりなのに。

旅先では、「読者の皆さんが出かけたときの参考になるように」と言い訳しつつ、山海の珍味に舌鼓を打った。土地土地の銘酒とともに味わったのは書くまでもない。

ちなみに本文に登場する店のほとんどは、地元タクシーの運転手さんから聞いた。「○○ログ」より確かな情報源だ。

苦手な写真は、敏腕記者でかつ名カメラマンであるサンケイ君にお任せときている。当初は、サンケイ君にも何回か原稿を書いてもらおうかと思ったが、それではオンブにダッコになってしまうと踏みとどまったが。

と書きつつ、「令和阿房列車」の単行本化に当たっては、「ついでに一言」を担当してもらった。どうです？　なかなか詳しいでしょ。

「令和阿房列車」は、数々の偶然が重なって世に出た。出生の秘密は、本文を読んでいただくとして人生いろいろ、味なもの。

おかげさまで、下は小学4年生の男の子（5歳になったお孫さんの代筆という方もおられたが）から、上は90歳の大先輩まで、さらには拘置所からも多数のお手紙やお葉書、メールを頂戴した。

小学4年生の男の子に至っては、宇奈月温泉の名旅館まで紹介してくれた。その顛末（てんまつ）はのちほどたっぷりと。

私は、平成元年から政治部に配属された。三十数年間にわたって永田町をうろうろし、政治関係の記事を数限りなく書いてきたが、反響といえば「取材が甘い」だの「上から目線が過ぎる」など、辛口なものがほとんどだった（大抵はその通りで返す言葉もなかったが）。これほどまでに多くの温かいファンレターをいただいたことがなかった。この場を借りて心からの感謝を申し上げたい。

おっと。忘れちゃあいけない。

元祖・阿房列車を運行した内田百閒（うちだひゃっけん）の作品と小沢昭一（おざわしょういち）の名調子に出会わなかったら、わが人生はどうなっていただろう。ご両人に「令和阿房列車で行こう」を捧げたい。二人とも有難迷惑だろうが。
お待たせしました。
それでは、出発進行!!

本書は産経新聞に令和4年9月1日から30日にかけて連載された「令和阿房列車で行こう」、令和5年5月1日から31日まで連載された「シン・令和阿房列車で行こう」に加筆・編集を加えて単行本化したものです。

令和阿房列車で行こう　目次

第一列車　北海道呑み天国編

令和阿房列車で行こう

第四列車 四国らんまん編

シン・令和阿房列車で行こう

第五列車 信越ほろよい編

第六列車 黒部の太陽編

最終列車 未来行

第一列車 北海道呑み天国編

令和阿房列車で行こう

- JR 東北新幹線、北海道新幹線（東京 ── 新函館北斗）
- 函館本線（新函館北斗 ── 旭川）
- 宗谷本線（旭川 ── 稚内）

第一列車

1

用事はなくても汽車に乗りたい

還暦とはよく言ったもので、60歳を過ぎると、どうも子供返りするものらしい。

小学生のころ、何の拍子か鉄道愛好家になった。余計な話だが、大抵の愛好家は、「テッチャン」と気やすく呼ばれるのを何よりも嫌う。ホルモンや蒲鉾（かまぼこ）じゃあるまいし。

一口に愛好家といってもさまざまな宗派がある。列車に乗るだけが喜びの「乗り鉄」、写真を撮るのに夢中になり、しばしば堅気の衆に迷惑をかける「撮り鉄」、時刻表を精読し、スマホの乗り換え案内を凌駕（りょうが）することに命をかける「読み鉄」、俳優の六角精児（ろっかくせいじ）が広めた「呑み鉄」などさまざまあるが、当方はもちろん「乗り鉄」である。

そんな「乗り鉄」教の教祖が、内田百閒先生である。

昔は、就職面接で「尊敬する人は？」と聞かれるのが定番だったが、迷わず「内田百閒先生です」と答えた。「高校の先生？」と問い返されたらしめたもの。先生は教師の呼称だけではない。内定が出たのも同然だ。でも良い子はマネしないでね。1社しか試していないので。

乗り込んだ新幹線「はやぶさ」。グランクラスに乗ったのは「秘密」

「阿房と云うのは、人の思惑に調子を合わせてそう云うだけの話で、自分で勿論阿房だなどと考えてはいない。用事がなければ、どこへも行ってはいけないというわけはない。なんにも用事がないけれど、汽車に乗って大阪に行って来ようと思う」（「特別阿房列車」）

百閒先生は、高らかに宣言して敗戦からわずか5年後の昭和25年10月、何にも用はないのに、特急「はと」の一等車に乗って大阪に旅立つ。

当時は、連合国軍総司令部（GHQ）の占領下。戦時中からの食糧難が続いており、駅弁一つ買うにも外食券が必要な時代だった。しかも朝鮮戦争が勃発し、世情も騒がしかっただろうに、そんな野暮な話は一切出てこないのだ。

このとき、百閒先生61歳。無性に子供のころから好きだった汽車に乗りたくなったのだろう。その気持ちはよくわかる。

用事はないが、列車に乗りたい。どうしても。しかも、令和4年10月14日は、新橋―横浜間に日本初の鉄道が開通して150周年に当たる。当方も還暦で、「コラムニスト」という称号をもらいながらブラブラしている。湯布院の兄貴（本当の兄ではありません）からも「そろそろ本業に身を入れたらどうか」と訓戒を垂れられた。それもそうだ。

そこで、令和の御世に「阿房列車」を復活させたい、タイトルは「似非阿房列車で行こう」でどうか、と三角編集局長に提案した。なお先生の旅に付き従う平山三郎氏を「ヒマラヤ山系」君ともじった阿房列車の顰に倣って本連載の登場人物は仮名とした。念のため。「いいでしょう」と、あっさりOKが出た。「でもタイトルはいただけませんな」。というわけで、「令和―」と相成ったわけだが、彼はどうやら本家を読んでいなかったらしい。

百閒先生は、一等車を偏愛しており、「令和―」も一等車に乗らねばならぬ。昭和35年に一等車は実質廃止されたが、令和の御世の一等車は、「はやぶさ」などに連結されているグランクラスである。料金は高いが、聞かれないことは黙っているのが一番。経費精算を見て、目を三角にしても後の祭り。

9月某日、はやぶさに乗って威風堂々、稚内まで出かけることにした。

【もう一言】湯布院の兄貴は誰？

「令和阿房列車で行こう」の登場人物は、筆者以外原則仮名にしているが、連載中から「この人は誰？」という問い合わせが相次いだ。中でも最も多かったのが「湯布院の兄貴」である。単行本化にあたって本名を明かすのは、野暮というものだが、折角の機会だから読者の皆さんにヒントを少し。「兄貴」と奉っているように、私より年上で夕刊フジを振り出しに、社会部が長く、スポーツ関係者とも太いパイプを持つ産経の名物記者だ。「湯布院」は大分県屈指の有名温泉地だが、「兄貴」の姓は、やはり同じ大分県の有名温泉地の○○である。グーグルで、「産経新聞　○○」と検索していただければ、真っ先に本名が出てくる。兎にも角にも「湯布院の兄貴」が私に訓戒を垂れてくれなかったら、「阿房列車」の連載も、もちろんこの本も世に出ることはなかったろう。アニキには足を向けて寝られない。という感謝の念を本人に伝えたら、「心にもないことをよく言うな」とニベもなかった。アニキは何でもお見通しである。

グランクラスはこの世の天国

我が敬愛する内田百閒先生は一等車を偏愛した、とは前回書いたが、料金はべらぼうに高かった。

当時、客車の等級は一等から三等（現在の普通車）まであり、一等料金は三等の3倍もした。新幹線の普通車で東京から新大阪まで行けば、片道1万4720円（通常期）だから、一等で往復すれば、今の感覚なら9万円近くかかる勘定になる。

当時の一等車マイテ39は、今や車齢92歳。さいたま市の鉄道博物館に保存されているが、外国人観光客を意識した「桃山式」と呼ばれる和風のぜいたくな造りで、「3倍」の価値はある。その姉妹車両であるマイテ49も京都鉄道博物館での保存が決まったそうで、喜ばしい。ぜひ一度ご覧いただきたい。

実際の百閒先生は、帰りに二等車を使って経費を浮かせたが、大阪で旅館に泊まり、酒をしこたま召されたので10万円超（もちろん現在の貨幣価値）、お供の「ヒマラヤ山系」君の分も合わせると、正味1日半汽車に乗り、酒を呑んだだけで20万円以上かかった計算

「はやぶさ」のグランクラス。意外にも混んでいた

になる。この旅費を百閒先生は、お得意の錬金術で用立てるのだが、その話はさておいて。

さて、現代の一等車ともいえるグランクラスに乗って東京から新函館北斗まで行けば、いくらかかるのか。距離は新大阪までの約1・5倍だから普通車でも2万3430円する。昔の一等車なら約7万円かかるところだが、グランクラスなら3万9320円。飛行機の普通料金より少し高い。

というわけで、函館まで行くなら、日本最北端の駅・稚内まで足を延ばそう。

朝早く東京を発てば、飛行機に乗らなくてもその日のうちに稚内に着けるのだが、札幌以北は夜になるので、景色が見られず、もったいない。札幌で1泊して、翌日早朝の特急

「宗谷」に乗ることにしてまずは、グランクラスの指定券をとろう。

百閒先生は、午後0時半東京発の特急「はと」に乗るために当日朝、切符を買おうとしたら満席で、慌てて駅長室に駆け込み、事なきを得たのだが、その轍は踏むまい。

東日本大震災の直前、E5系「はやぶさ」に登場したグランクラスは、本革シートの1人席と2人席の1列3席、計18席しか席がないが、平日の木曜日なら大丈夫だろう。外国人観光客はまだ少ないし、新型コロナウイルス禍も第7波真っただ中だしと、タカをくっていたら、アニハカランや。

2日前に新宿駅みどりの窓口へ出向くと、「良かったですね。あと2席あります」と言われ、世の中には暇人が多いもんだと驚いた（自分のことは棚に上げて）。

いずれにしても9月某日、午前8時20分東京発、はやぶさ7号10号車5Cの指定席が手に入った。あとは寝過ごさないだけだ。前日は、「出発前に一杯奢るよ」という湯布院兄貴の甘いささやきを断固として断り、さっさと家に帰った。

何しろグランクラスは、酒呑みにとっても「この世の天国」なのである。前夜に安酒を呑んで二日酔いで乗り込んでは、絶対にいけない。なぜ、天国なんだって？　それは明日、詳しくお知らせします。

【もう一言】「はと」と百閒先生

特急「はと」は、昭和25（1950）年5月、特急「つばめ」の姉妹列車として東京―大阪間に登場した。「つばめ」「はと」とも最後尾に展望車を配し、「つばめガール」「はとガール」と呼ばれたアテンダントを乗務させるなど、国鉄を代表する特急列車だった。当初は大阪まで9時間を要したが、同年10月のダイヤ改正で8時間に短縮された。百閒先生が、初めて「阿房列車」の旅に出たのは、このダイヤ改正直後のことである。

同じ年の6月勃発した朝鮮戦争がもたらした「特需」によって日本経済はようやく息を吹き返し、優等列車はいずれも混んでいた。「特別阿房列車」でも当日に切符を窓口で買おうとして満席のため断られ、やむなく駅長室に乗り込んで（コネを生かして？）一等車の切符を融通してもらうさまが、面白おかしく描かれている。そんな「はと」も昭和33（1958）年11月、電車特急「こだま」が登場すると、主役の座を譲り、百閒先生がこよなく愛した展望車もその2年後に姿を消してしまった。

「軽食は？」召し上がりますとも

なぜ、グランクラスが、酒呑みにとって天国なのか。

それをお知らせするまでには、たっぷりと時間がある。

9月15日、乗車する「はやぶさ7号」は午前8時20分の発車なのに、40分も前に東京駅に着いてしまったのだ。

働く時間が惜しくて、いつもは会議の5分前にしか出社しないのに、我ながら小学生の遠足のようだ。これも還暦効果か。普通なら駅ナカの店舗で、じっくり駅弁を選ぶところだが、午前8時前とあってほとんどの店が閉まっている。しかもグランクラスでは、軽食が出るので朝は、駅弁を買う必要がない（昼でも思案するところだ）。

すぐ新幹線ホームの待合室へ行ってもいいが、それでは旅慣れないオジサンだ。

「はやぶさ7号」は8時7分、21番線に入線するが、仙台発東京行き「はやぶさ2号」の折り返し運用（車内清掃に時間がかかる）なので、3分ほど前にしか車内に入れない。

内田百閒先生は、特急にしても急行にしても出発時間のはるか前に東京駅の歩廊に着

展望車を備えた現代の一等車「TWILIGHT EXPRESS 瑞風(みずかぜ)」

き、先頭の電気機関車からゆっくり1両ずつ見分し、最後部の一等車に乗り込むのを常としていたが、令和阿房列車でそんな悠長なことをしていたら確実に乗り遅れてしまう。
目の前にご馳走をぶら下げられて車内に入れないのは、人倫に反する。というわけで、コーヒーでも飲もうと駅構内をぶらり散策したのだが、わずかに開いていた店は、どこも通勤・ビジネス客でいっぱい。旅立ちの昂ぶりを静めてくれる場所がない。
ビューゴールドプラスカードを持っていれば、八重洲口にラウンジがあるのだが、午前8時からで、しかもゴールドカードを持ち合わせていない（持っていても使えるのは、原則グリーン車利用客のみ）。

朝から文句を言っても始まらないので、21番ホームへ。

JR東日本の新幹線ホームは、2面4ホームしかない。その4つのホームに東北・山形・秋田・北海道・上越・北陸の6新幹線がとっかえ、ひっかえやってきては、最短12分で折り返して発車する。

先ほど、車内清掃に時間がかかる、と書いたが、清掃員さんたちの手際は素晴らしく、たった7分間でゴミを拾い、窓を拭き、シートを転換してモップもかける。神業と言っても過言ではないが、その7分間さえもどかしい。掃除は（するのではなく、されるのは）大好きなのだが、もうそのあたりでいいですよ、と声をかけたくなった。

ようやく待ちに待った扉が静かに開き、アテンダントのお姉さんに笑顔で招じ入れられた。

二人掛け座席の窓際で、本革シートの具合も申し分ない。

もし通路側に妙齢の女性が座れば、「窓際と代わりましょうか」と紳士然と申し出る腹づもりだったが、杞憂（きゆう）に終わった。後で聞くと、乗車時はコロナ対策のため3分の2程度しか発券していなかったのだとか。みどりの窓口氏が「良かったですね」と言った意味がようやく分かった。早く言ってよ。

定時に出発した「はやぶさ」はあっという間に上野を通過し、アテンダントが「軽食は召し上がりますか」と尋ねる。

召し上がりますとも。そのために朝食を抜いたのだから。

さて、それにどんな酒をあわせるか。続きはまた明日!!

【もう一言】復活した「はやぶさ」

日本で初めて列車に愛称がつけられたのは、今から90年以上も前の昭和4年9月。東京―下関間を走っていた特別急行列車が「富士」「櫻」と命名された。「はやぶさ」は、戦後生まれ。昭和33年、東京―鹿児島間の夜行寝台特急として登場、いったん「富士」と同じく平成21年に廃止された。ところが2年後、日本で最速の東北新幹線E5系電車（東京―新青森間）の愛称に抜擢されたのである。JR東日本が実施した愛称公募では、東北ゆかりの「はつかり」（1位）「みちのく」（3位）から大きく引き離された7位だったから、奇跡の復活に愛好家たちは驚いた。「九州の色がつき過ぎている」など反発の声も出たが、今となってはすっかりなじんでいる。ちなみに「富士」はまだ復活していない。

いつの間にか「呑み鉄」に変身

列車はまだ上野駅を通過したばかり。左手に都心を目指す京浜東北線の満員電車がちらりと見え、しばしの優越感にひたる。

こんな調子で稚内まで行き着くのかしら、とご心配の向きもあろうが、「はやぶさ」は、これからどんどんスピードアップするので大丈夫。

まずは、グランクラスで供された軽食の中身を紹介しよう。漆黒の紙箱を開けてみれば、合鴨（あいがも）がでんと鎮座し、目にも鮮やかな緑のわけぎと黄色のとろとろ卵が目に飛び込んできた。

隣はと見れば、脇役は任せろとばかりに茄子（なす）のしぎ焼きと、ウナギのかば焼きが一口サイズながらも自己主張している。さすが、和食の名店「分とく山」監修だけのことはある。ならば、酒も心して選ばなければならない。とりあえずビールで、とは参らぬ。しばし熟考の上、山形県東置賜郡（ひがしおきたまぐん）の高畠ワイナリーからやってきた「嘉―ｙｏｓｈｉ―スパークリングシャルドネ」を選択した。

これが大正解。「嘉」はさわやかなスパークリングワインで、朝の空気にピッタリ。合鴨とも ウナギとも他の脇役たちとも相性ピッタリ。あっという間に飲み干してしまった。

かつては、本場欧州だけでなく、カリフォルニアにも遠く及ばなかった日本ワインの向上は、日々目覚ましい。

二杯目を頼む前に、珈琲で一服。黒い液体が入ったグランクラスのロゴマーク入りグラスもおしゃれだ。

「分とく山」監修の軽食と「嘉－yoshi－スパークリングシャルドネ」

グランクラスで供されるウイスキー「メーカーズマーク」のミニボトル

外は曇り。いつの間にか、白河の関を越え、雲に隠れた蔵王を左手に想像しながらウイスキーのオールドパーを所望する。

もちろん、メード・イン・ジャパンのウイスキーは最高だが、スコットランド産ならオールドパーだろう。

何しろ、あの田中角栄の大好物だった。ロッキード事件で刑事被告人となり、子分の竹下登に裏切られた晩年は、朝からオールドパーを浴びるほど飲み、ついには倒れてしまう。パーのお供は、角栄を生んだ新潟県産の柿の種。これまたよく合う。もし角栄なかりせば、新潟まで新幹線が開通するのは、だいぶ遅くなった、いやいまだにできていなかったかもしれない。佐賀県のように。

と、酔いでとりとめもない妄想を膨らましていると、というか、うつらうつらしていると、もう盛岡だ。ここまでわずか2時間10分。さすが最高時速３２０キロだけはある。

しかも晴れている。標高２０３８メートルの岩手山がくっきりと車窓から眺められた。他社の記者仲間が、若いころ盛岡を訪ねて、岩手山と街の美しさに酔いしれ、定年後は、ここに住もうと心に誓ったという。実現しなかったが。

さあ、急がねば。締めの三杯目はやはり、日本酒でなくてはならない。出されたのは、

はやぶさグランクラスで供された軽食

宮城の名門、仙台伊沢家勝山酒造の「勝山純米吟醸　献」だ。

吟醸酒らしい華やかな香りに包まれた一杯は、芳醇そのもの。東北の旅にふさわしい。

ちなみにグランクラスでは、銘柄は限られているものの、赤白ワイン、日本酒、ウイスキー、緑茶、コーヒー、紅茶などが飲み放題なのである（くれぐれも飲み過ぎにご注意を）。

もう一つ、少し残念な報告をしなければならないが、それはまた明日のこころだぁ!!

第一列車
5

SDGsは親の仇(かたき)でござる

SDGs、私の苦手な言葉です。

横文字の流行言葉は、大嫌い、いや大の苦手だが、中でもSDGsは嫌だねぇ。SDGsとは、持続可能な開発目標(Sustainable Development Goals)の略語で、2030年までに実現すべき17の国際的目標を定め、7年前の国連サミットで採択された。

17の目標は、「貧困をなくそう」「飢餓をゼロに」などなど、反対できないごもっともなことをずらりと並べているのだが、ささいな瑕疵(かし)をとりあげて「SDGsの精神に反する」と虎の威を借る輩(やから)が必ず出てくるのが、嫌なのだ。

コンビニのレジ袋有料化も大した効果もないのに、「SDGs」様の威光であっという間に広まった。

国連がそんなに偉きゃあ、ウクライナ戦争を止められるはずだが、そんな力はこれっぽっちもない。

せいぜいできるのは、極東のモノ言わぬ民から、コンビニやスーパーに行くたび3円余計にとりあげることだけだ。

しかもSDGsの猛威が、我が愛するグランクラスを襲ったのである。

前回、ご紹介した軽食が、SDGsのおかげで、「リフレッシュメント」と名前を変えて令和4年10月1日から簡素化されてしまったのだ。広報文には、こう書いてある。

「(SDGsの達成に向け)これまでの生食方式から冷凍方式に変更することで、リフレッシュメントの廃棄数削減に取り組み、食品ロスの削減を一層推進します」

みちのく路を疾走する「はやぶさ」は盛岡駅で「こまち」とドッキング

東京で弁当屋を営み、年70億円を売り上げている「玉子屋」は、1日6万個つくって廃棄するのは60個といわれる。廃棄率はわずか0・1％。もちろん、生食だ。なのに一列車に18人しか乗れないグランクラスで多量の「食品ロス」が出るとは、どういうわけか。私が乗ったときは、ほとんどの客が、軽食を頼んでいたというのに。

残念ながら前回紹介したウナギのかば焼きも、とろとろ卵も茄子(なす)のしぎ焼きも10月以降のメニューにはない。これまで東北新幹線と北陸新幹線とでは、メニューも異なっていたが、冷凍化に伴い、全列車統一された（新たに「洋食」という選択肢は増えたが）。

愛想のよいアテンダントのお嬢さんも2人から1人に半減されたという。

新型コロナウイルス禍による乗客の大幅減少で、JR東日本も大打撃を受けた。厳しい懐事情はよく分かるが、これでは、せっかくのグランクラスの看板が泣く。

どうも「勝山　純米吟醸　献」の酔いが、すっかり醒(さ)めてしまったようだ。

緑茶でクールダウンして、日本一長い青函トンネルを抜けるとしよう。

お茶受けに出された「新潟県産茶豆のパウンドケーキ」も上品な甘さがちょうど良い。

青函トンネルは、全長53・85キロ、海底部分23・3キロで、新幹線が開通する前は、竜飛海底と吉岡海底の2つの駅があった（もちろん観光用）。

さて、その跡地はどうなっているのかと、暗闇に目を凝らしていると、急ブレーキがかかった。いったい、何が起きた？

続きは、また明日のこころだぁ!!


【もう一言】今はなき「お品書き」

SDGsという美名のもとに断行されたグランクラスの軽食メニュー簡素化は、「はやぶさ」に乗る楽しさを半減させてしまった。

令和4年9月に姿を消した「北国の夏土用」のメニューを百閒先生の名随筆「御馳走帖」ばりに記録して供養としたい。

（右膳）酢飯　合鴨からし風味　わけぎ　とろとろ玉子
（左膳）きんぴらごぼう　蓮根磯辺天ぷら　茄子のしぎ焼き　赤パプリカ　白滝なめたけ和え　枝豆　うなぎ蒲焼

はるばるきたぜ新函館北斗へ

第一列車「4」節から、「また明日のこころだぁ!!」を締めに使っているが、「『こころ』とは何だ?」という問い合わせを読者の皆さんからいただいた。

確かに説明不足だった。

昭和48年から約40年続いたラジオ番組「小沢昭一の小沢昭一的こころ」(TBSラジオ)の決め台詞(ぜりふ)を使わせていただいた。

この番組は、平日の夕刻、俳優・小沢昭一が一人語りで中年サラリーマンの悲哀を面白おかしく口演したもの。小学生だった私は毎回、ラジオにかじりつくように聴いていた(てっきり、小沢自身の考えや体験を話しているのかと思っていたが、構成作家が練りに練った台本を小沢が、自家薬籠中(やくろうちゅう)のものとして演じていたのを後に知る。だから「的」なのである)。

毎回、小沢の話は10分に満たないほど短く、さぁこれから佳境というところで、「また明日のこころだぁ!!」となった。

青函トンネルを駆け抜けたありし日の急行「はまなす」

売り物は小出しにして、明日につなげていく。いっぺんに全部出してしまっては、商売にならない。人生は、「―的こころ」に教えてもらった。

もし、いま就職面接があり、「内田百閒に次いで2番目に尊敬する人は？」と聞かれたら、迷わず「小沢昭一です」と答えるはずだ。

断っておくが、小沢昭一没後は、ニュースとラジオ深夜便を除いて、AM1242ニッポン放送を聴いている。たまに神戸に帰ると、「ありがとう浜村淳です」（MBSラジオ）以外は、OBC（ラジオ大阪）だ。本当に。

説明不足といえば、鉄道紀行なのに、路線図を載せていなかった。今日からは、反省して乗った列車ごとに掲載します。決して行数を稼ぐためではありません。

え!? 前回の終わりに青函トンネル内で「はやぶさ」が急停車した件はどうなったって？

ご明察の通り、大したことはなく、3分後に無事、出発進行した。それでも3分間はドキドキした。停車した場所は、海の底。前回書いた旧竜飛海底、吉岡海底の両駅（今は定点というらしい）からは地上に脱出できるケーブルカーがある。ただ、ケーブルカーは高齢者や女性優先で、「100キロ近く体重があります」と申告しても無視されるだろう。第一、タイタニック号のように女子供を押しのけて救命ボートに乗った男たちは、110年経っても見下げられている。

ケーブルカーに乗れない場合は、1317段の階段を駆け上がらなければならない。途中で息が切れて絶命するやもしれぬ。

「産経記者、青函トンネルで頓死（とんし）　肥満と不摂生がたたる」とA新聞に書かれると腹が立つなぁ、と妄想する間もなく、青函トンネルを脱出した。

後で聞いたら、キップをなくして慌てた乗客が、車掌を呼ぼうと、間違えて緊急停止ボタンを押してしまったんだとか。皆さん、気を付けてくださいね。

トンネルを抜けると、北の大地は快晴だった。曇った東京を出てから3時間57分。

はるばるきたぜ、函館へ。いや、新函館北斗へ。

この続きは、また明日のこころだぁ!!

【ついでに一言】小沢昭一

おざわ・しょういち　昭和4年、東京生まれ。平成24年死去。早稲田大学第一文学部仏文科卒。俳優座で千田是也（せんだこれや）に師事し、個性的な演技で舞台、映画、テレビなど幅広く活躍。TBSラジオ「小沢昭一の小沢昭一的こころ」は放送回数1万回を超えた。三河万歳など「放浪芸」研究の第一人者でもあった。

「北斗」車窓から絶景を拝む

内田百閒先生は、昭和25年から30年まで、東北から九州まで列車に乗るだけの旅に幾度も出たが、「阿房列車」が北海道へ乗り入れることは、ついぞなかった。GHQ（連合国軍総司令部）占領下の当時は、民間航空も再開されておらず、青函連絡船が北海道と本州を結ぶ唯一の足だったが、乗りたくなかった。理由はこうだ。

「津軽海峡を渡るのがこわい。なぜこわいかと云うに、この頃日本海には機械水雷がふかりふかり浮流しているようだから、潮の加減で或いは津軽海峡の方へやって来ないとも限らない。（中略）潮流に乗って来た機械水雷の角角を、私の座乗した連絡船が押して、それからどうかなる事を私は好まない」（「区間阿房列車」）

怖がりの百閒先生が、オーバーに書いたのだろう、と思いこんでいたらさにあらず。区間阿房列車が書かれた昭和26年春は、朝鮮戦争真っ只中で、北朝鮮やソ連が日本海に大量の機雷を敷設し、その一部が潮流に乗って日本沿岸に流れ着いていたのである。

青函トンネルが開通していたならば、もちろん先生は何度も「阿房列車」を走らせてい

大沼公園付近を行く特急（写真はスーパー北斗時代）

ただろうに、と感慨を抱きつつ、「はやぶさ7号」は新函館北斗駅のホームに滑り込んだ。
ここから函館までは、「はこだてライナー」で15分。函館競馬開催中なら寄り道したところだが、今はオフシーズン。第一、観光名所をめぐってしまったら、阿房列車ではない。
百閒先生は、名所旧跡が大嫌いで、旅先で

も宿にいるだけ。たまに自動車を手配されてイヤイヤ出かけるのだが、松江では、ラフカディオ・ハーンの旧宅に案内されたものの、一歩、土間へ足を踏み入れただけで引き返してしまった。

しかも今日中に札幌に行きつかないと、明日午前7時半札幌発稚内行き特急「宗谷」に乗れない。さっそく特急「北斗11号」に乗り換える。

ここで、北海道を列車で旅する人に重要なお知らせ。

JR北海道では、特急列車での車内販売をすべて廃止しており、乗車前に飲み物や弁当を買っておかないと、飲まず食わずの旅になってしまう。

かつては、「北斗」に乗って、「かにめしが食べたい」と車内販売のお姉さんに頼むと、長万部(おしゃまんべ)駅で弁当が積み込まれ、座席まで運んでくれる至れり尽くせりのサービスがあった。

分かりやすいように、長万部名物の「かにめし」と書いたが、私は同じく長万部から積み込まれる「そば弁当」を頼んでいた。ざるそばを弁当にしただけのシンプルなものだったが、これがまた絶品だったねぇ。

噴火湾を眺めながら、そばをすすり、車販で買ったビールを流し込んだものだ。

噴火湾に面した室蘭本線の北舟岡駅（写真は「スーパー北斗」時代）

仕方ない。売店で期間限定販売という「函館駅開業120周年記念弁当」を買い求める。われながら「期間限定」に弱い。弁当のお供にはビールだが、グランクラスで十分呑(の)んだのを思い出し、お茶にした。

過去はいつでも甘美である、と物思いにふけっている間もなく、大沼公園だ。

車窓からの風景を撮ってみたが、実際はこんなものではない。百聞は一見に如(し)かずで、早く「北斗」に乗っていただきたい。この絶景を列車から拝めるのは、あとわずかしかない？

それはなぜかは、また明日のこころだぁ!!

第一列車
8

「極楽列車」の命あとわずか!?

特急「北斗11号」は、ディーゼルのうなりも快調に大沼国定公園を走行している。夏の名残の緑がまぶしく、北海道駒ケ岳の雄姿が、くっきりと青い湖の向こうに見えた。

大沼公園は、3つの湖と点在する大小の小島や沼から成っており、昭和33年、国定公園に指定された。国立公園に昇格してもおかしくなく、グランクラスが天国なら、北斗は極楽浄土か。そういえば、名曲「千の風になって」は、この地に別荘を持つ新井満(あらいまん)さんが、大沼の自然に触発されてつくったという。

秋の紅葉はもちろん、冬の早朝、シーンとした白銀の世界を重連のディーゼル機関車DD51に引かれたブルートレイン「北斗星」が札幌へ向かう姿は、「撮り鉄」ではない私でさえ、一度は撮りたかった(と書いているだけで、一枚の写真を撮るために極寒の地で何時間も待つ忍耐力は私にはない)。

「北斗星」も「千の風になって」消えてしまった。

それどころか、函館本線そのものが、存亡の機に立っている。北海道新幹線が札幌まで

長万部駅に到着した特急「北斗」

延伸されると、長万部—小樽間140キロが廃止されてしまうのだ。

大沼公園を走る函館—長万部間だってどうなるか分からない。駅で買い求めた北海道新聞には、「『貨物大動脈』存廃議論　前へ1日50本往来　『専用路線』も選択肢」（令和4年9月15日付）の大見出しが躍っていた。

記事によると、第三セクターで同区間を全線維持した場合、30年間で816億円もの赤字がかさむ。そんな額、無駄な公共事業に比べれば安いもんじゃないか、と思っているのは、われわれ「乗り鉄」ぐらい。

地元自治体も巨額の負担に消極的という。つまり、存続しても貨物専用路線になり、旅客列車が走らない可能性大だ。

新幹線はといえば、ルートも違い、しかも約80％はトンネルなので、大沼公園どころか、噴火湾も拝めない。そうこうしているうちに、「次は長万部」というアナウンス。「オシャ、マンベ！」を鉄板ギャグにしていた由利徹を知っている人も減ったなぁ、とくだらないことを考えている暇はない。

降りる準備だ。このまま札幌まで乗っていてはいけない。

きょうは、新幹線が延伸されれば、確実に廃線となる長万部―小樽間を走る臨時特急の「ニセコ」が走る貴重な日だ。

もう一つ目当てがある。

長万部に突如、現れた水柱をこの目で見ておきたい。今、見ないと消えてしまう、と思ったからだ（廃線間近の路線に乗りたがる愛好家のよう）。

いやぁ、行っておいてよかった。高さ30メートルにも達していた水柱が、安倍晋三元首相の国葬前日に突如として止まったのだ。

駅からタクシーでわずか3分。訪れた9月15日は、「グオゥ、グオゥ」と地の底から（当たり前か）腹に響く轟音とともに水が噴き上がっていた。

平日の午後というのに、見物客も結構いたが、一つの屋台も出ていなかった。

近所の喫茶店のおばさんは、「ここら辺の人は商売っ気ないからねぇ」と嘆いていた。
そのおばさんは、もちろん関西出身だったが。神戸人の私もその気持ちはよく分かる。
明日は、いよいよ第一列車のメイン、「ニセコ」号のこころだぁ!!

北海道長万部町で噴き上がっていた水柱

【ついでに一言】由利徹
ゆり・とおる　大正10年、宮城県生まれ。平成11年死去。南利明（みなみとしあき）・八波（はっぱ）むと志と『脱線トリオ』を結成、大評判となる。喜劇俳優として活躍し、数多くの映画、テレビに出演した。

準備万端、いざ「ニセコ号」へ

いよいよ「特急ニセコ号」である。

何がいよいよなのか、は鉄道愛好家ならすぐピンとこられるだろうが、堅気（かたぎ）の衆のために少々、解説したい。

「ニセコ号」という固有名詞を聞くだけで、愛好家の背筋はピンと伸びるが、今回は特別だ。何しろ令和5年春で引退が決まっているキハ183系、しかもそれをモデルチェンジした「ノースレインボーエクスプレス」車両を使って、函館本線の山坂を走らせようという企てに胸躍らぬ者などいない。

キハ183？　ノースレインボーエクスプレス？　それって何？　と、怪訝（けげん）な顔をされたあなたは、幸せ者である。

もうすぐやってくる別れに、涙を流さなくていいのだから。

キハ183系は、キハ181系（本州に投入された特急形気動車）をベースに「雪と寒さに強い」北海道向け特急形気動車として国鉄末期の昭和61年から本格導入された北の名

特急ニセコ号を出迎える謎のゆるキャラ

車だ。

因みに、キハの「キ」は、気動車（ディーゼルエンジンのついた車両）を意味し、「ハ」は普通車のこと。

車両はイロハ順に格付けされ、「イ」は一等車で、「ロ」はグリーン車である。

「ノース—」は、民営化後のJR北海道が、観光客を呼び込むため183系を改造した「ジョイフルトレイン」。中間の3号車は2階建てで、1階はサロン室になっており、平成4年に誕生した。183系は昭和の薫りを濃厚にまとった武骨系だが、「ノース—」はバブルの余韻漂うおしゃれ系だ。

長万部駅から「ニセコ」に乗り込む前に、駅弁の王様、老舗「かなや」の「かにめし」

を買うとしよう。長万部の「かにめし」は、酢飯にカニの身をほぐしたものを乗せた安直なものではなく、独自の製法で炒ったカニの身がたっぷり入った伝統の味だ。前にも書いたが、以前は特急列車なら車内まで持ってきてくれたが、今では駅構内でも売っていない。「かなや」は長万部駅改札口のすぐ近くにあり、水柱見物を終えたらしい先客もいてほっとしたが、これまた前にも書いた「そば弁当」を販売していた蕎麦屋は休業していた。心配だ。

「かにめし」に合わせるのは、いつもなら男は黙ってサッポロビールなのだが、駅構内の観光案内所（おみやげものは充実している）で、「エンリッチミニトマトジュース」なるものが、目に留まった。

聞けば、東京理科大学と長万部町が共同開発したブランドトマトを無添加100％ジュースにしたもので、300ミリリットル1本、850円もした。

一瞬、細かいことにも目を配れる三角編集局長の顔が目に浮かんだが、これはれっきとした取材である。迷わず領収書を書いてもらった。「どんな味だったかは、明日のこころだぁ!!」と、気を持たせては、三角編集局長と読者に申し訳が立たないので今日、書いておく。

実にうまかった。濃厚かつ、甘く、トマトの概念を超えていた。エンリッチミニトマトジュース3本以上を使い、肉と野菜をぶち込んだ「トマト鍋」は絶品だそうだが、そこまで試してはいけない。当方もサラリーマンとしての常識は心得ている。

準備万端、整った。午後3時42分、静かに「ニセコ号」は長万部駅に入線した。続きは、明日のこころだぁ!!

【もう一言】車販なき北海道の特急

平成31年2月、JR北海道を走るすべての列車から車内販売が消えた。

毎年、億単位の赤字が続き、人手不足も手伝っての決断だったが、釈然としない。長万部の「かにめし」を車内で買えなくなったのも大問題だが、道内を走る特急の所要時間は長く、うっかり駅で弁当や飲み物を買い忘れると大変な苦行を強いられることになる。車内には飲み物の自動販売機すらないからだ。飲まず食わずでは、雄大な風景も目に入らないどころか、人道問題になりかねぬ。地元業者が乗り込んで弁当を売るとか、一部のローカル私鉄のように車掌が時間を区切って車内販売をするとか、やりようはいくらでもある。要は知恵と工夫が足りないのだ。

さらば、183系「山線」よ永遠に

9月15日午後3時42分。車両ごとにピンクや青などに色分けされたキハ183系「ノースレインボーエクスプレス」で運転している「特急ニセコ号」が、長万部駅に入線した。ホームでは長万部町のゆるキャラ「まんべくん」がお出迎え。長万部名物のカニとホタテ貝とアヤメを組み合わせた派手ないでたちなのだが、口数も少なく、そこはかとない哀愁が漂う。ゆるキャラ通に聞くと、以前は毒舌キャラとして、ファンの間では有名だったという。

12年前、8月15日の前日に「どう見ても日本の侵略戦争がすべてのはじまりです。ありがとうございました」などとツイートし、大炎上。以後、謹慎して無口になったんだとか。さもありなん。

そうこうしているうちに、列車から鉄道愛好家の皆さんがどっと降りてきた。ほとんどが、大学生か中高年の勤め人風情の男性である。今日は木曜なのに余裕があるなぁと、自分のことは棚に上げて感心する。停車時間は16分とたっぷりあり、写真撮影に余念がな

倶知安駅の味がある駅名標

い。「まんべくん」もサービスに努めていたが、被写体に写り込むので、邪険にされていた。

午後3時58分出発。左手に水柱が木々の間からほの見えて間もなく、「ニセコ」は山中に分け入った。「山線」と称されるように、長万部―小樽間は、山また山の連続だ。蒸気機関車C62が重連で「ニセコ」を牽引した古き佳き時代を知るオールドファンにとって、「山線」は聖地なのである。「ノース―」は高床式で、ワイドな曲面ガラスに天窓もあり、大自然の真っ只中を快調に走る。黒松内駅では、幼子が手を振ってきた。もちろん、振り返す。東京では、とてもできないが。

あっという間に、日は西に傾き、羊蹄山が

見えてきた。

ニセコ駅では、次の倶知安まで地元の名産を売る臨時の車内販売員が乗り込んできた。長万部で850円のトマトジュースを買ったが、もう飲んでしまった。ここでは、「シンディースイート」なる500円のトマトジュースを求めた（領収書はもらわなかった。念のため）。これまたうまかったが、東京では知られていない。

知られていない、といえば国際的リゾートとなったニセコを通る函館本線が、近く廃止されるのも案外知られていない。小樽―ニセコ間なら観光路線に特化し、国と自治体の適度な補助があれば、十分生き延びることができよう。現に「ニセコ」は木曜というのに7割以上の乗車率だ。500円のトマトジュースも飛ぶように売れていた。鉄道愛好家をなめてはいけない。SDGs（持続可能な開発目標）は親の仇だが、鉄道の利用促進は、SDGs時代にふさわしい。

決まったこととはいえ、なんとかならないかと考えていると、もう札幌だ。「ノースー」の座席はリクライニングで快適なのだが、車歴30年を数え、草臥れは隠せない。

さらば、キハ183系。また逢う日まで。当方も社歴36年、お互いよく働いたもんだ。

【もう一言】その後のキハ183系

キハ183系「ノースレインボーエクスプレス」を使用した「ニセコ」号に乗ったのは、令和4年9月のこと。「ノース」は、その後も同年11月26、27日に札幌―函館間を走ったほか、令和5年になっても旅行会社が貸切る「団体列車」の形でサヨナラ運転を続け、同年4月30日に生涯を終えた。一般のキハ183系で運用されていた特急「オホーツク」（札幌―網走）、特急「大雪」（旭川―網走）も同年3月18日のダイヤ改正で新鋭のキハ283系に置き換えられた。定期運用終了後、JR北海道は、4月10日まで道内各地を「ラストラン」として何本も走らせたが、どの列車も満員御礼だった。

それにしてももったいない。JR北海道は「鉄道愛好家」がもたらす経済効果を過小評価しているようで、「人気列車」を次々に廃止してしまった。新幹線を優先させるため、青函トンネルを走っていた寝台列車「北斗星」「カシオペア」「トワイライトエクスプレス」を全廃にしたのもその一つ。貨物列車は今も数多く青函トンネルを走っているように、新幹線が通らない深夜帯を中心にダイヤを組めば不可能ではなかった。私は北海道新幹線開通以前、毎年一回は寝台特急に乗って札幌を訪れていたが、今や何年かに一度しか行かない。そういう「北海道離れ」をおこした愛好家の皆さんも少なくないのではないか。

第一列車
11

一流ホテルあきらめ「宗谷」へ

「特急ニセコ号」は、定刻通り午後7時26分、日もとっぷりと暮れた札幌駅に滑り込んだ。

日本最北の駅・稚内目指して出発する特急「宗谷」の出発は、12時間後だ。十数年前まで寝台車を連結した夜行列車「利尻」が稚内まで走っており、一も二もなく乗り込んだはずだが、なくなったものは仕方がない。宿を探すとするか。

内田百閒先生は、目的駅に着くと、駅長さんが紹介したご当地の一流旅館に向かい、旅装を解くのが常だった。旅館での宴席（先生は、料亭や居酒屋での宴席は好まなかった）に駅長さんを招待したのは言うまでもない。ネットはもちろん、旅行会社も整備されていなかった戦後まもなくは、駅長や助役が、駅に降り立った旅人の宿を紹介することもよくあったという。

令和の御世は、スマホが駅長の代わりを務める。あっという間に駅近くのホテルをリストアップし、おすすめまで知らせてくれる。

おすすめには、筆者好みのラグジュアリーなホテルが並ぶ。スマホは賢いねぇ。「阿房

出発を待つ特急「宗谷」。立ち食いそば屋も健在

列車」の趣旨からすれば、最高級のGホテルにチェックインすべきだろう。だが、明日は午前6時に起きて、7時には駅に向かわなくてはならず（会社に行くときは、毎朝ぎりぎりに出発していても、旅で列車に乗るときは余裕をもって行動するのが愛好家の掟だ）、ホテル自慢の朝食も食べる暇がない。

よって、「無駄」という言葉がお好きでない三角編集局長も泣いて喜ぶ素泊まりビジネスホテルで我慢しよう。「妥協」ができてこそのサラリーマンだ。

もちろん、ススキノなんてとんでもない。というより、還暦で半日近く列車に乗り続けると、さすがに一人で新規開拓する気にはならなかった。

今を去るン十年前、とある政治家の同行取材で札幌にやってきたとき、J通信の甘木さんと「明治の開拓者精神で新規開拓しよう」と勇んで、ススキノに足を踏み入れたが、なぜかぼったくりバーのお世話になった。

幸いなことに、心優しい甘木さんの面相は、なかなか迫力があり、店の奥から出てきたお兄さんに、「ここはどこのシマじゃいっ」と一喝して事なきを得た記憶も鮮明だ。

あっという間に夜が明けた。午前7時7分、札幌駅8番線ホームに立つ。嬉しいことに立ち食いソバ屋があった。

うまい!! しょうゆが濃すぎてもうまい。

ホームの立ち食いソバ屋は、駅ナカ（構内）の商業施設の充実に反比例するように、年々減っている。ホームに発着する列車を眺めながらソバをすする喜びは何ものにも替え難いのに。

札幌と稚内を結ぶ特急（写真は「スーパー宗谷」時代）

そうこうしているうちに、キハ261系特急「宗谷」が入線した。261系は、平成10年、宗谷本線用特急形気動車として開発された。武骨な183系と違ってステンレス製車体の前後を鮮やかなブルーに塗色されたスマートないでたちだ。

この日は4両編成で、1両のみの自由席は、たちまち満席となり、指定席もかなり埋まった。終点まで396・2キロを5時間10分かけて走る長丁場。

同時刻に東京駅を出発する「のぞみ11号」に乗れば、博多駅に降りて、タモリが大好きな腰のないうどんを食べ終わっているころである。

いざ、稚内へ。続きは、また明日のこころだぁ!!

第一列車 12

駅弁と朝ビールは旅の宝石箱

261系特急「宗谷」は、午前7時半、定刻通り札幌駅8番線から滑り出した。右側の窓際席でよかった。お隣の7番線からは、東室蘭行きの特急「すずらん2号」が同時に出発し、白石駅付近まで、どちらも譲らず、追いつ追われつ並走したのである。

昼間の札幌駅での特急同時発車は、「宗谷」と「すずらん2号」のみ。目と鼻の先に、JR北海道では数少ない電車特急、789系のメタリックな先頭車が拝めたのは、眼福であった。

789系に別れを告げると、右手奥に忽然（こつぜん）と茶色い塔があらわれた。解体迫る「北海道百年記念塔」だ。野幌森林公園内にある高さ百メートルの塔は、「開拓の先人に感謝と慰霊のまことを捧（ささ）げる」ため開道百年にあたる昭和43年に着工し、大阪万博が開催された45年に竣工（しゅんこう）した。

だが、老朽化が進み、維持費もかさみ過ぎるため、令和5年夏には姿を消した。なんと

札幌―東室蘭間を走る特急「すずらん」

ももったいない。

万博終了後、撤去される予定だった太陽の塔は、全国で保存運動が巻き起こり、今でも健在だが、昭和の建造物は粗末に扱われ過ぎている。まぁ、昭和のサラリーマンも同じか。

旭川駅からいよいよ宗谷本線だ。自由席はかなり乗客が入れ替わったが、グリーン車と指定席はあまり変化がない。今や札幌―稚内を直通する特急は、「宗谷」ただ一本になってしまったが、需要はまだまだある。

さあ、ここで札幌駅で買った駅弁「秋のご馳走御膳」（千円）を開こう。

読者の皆さんから、さっき駅そばを食ったばかりじゃないか、とのご指摘を頂きそうだが、そばと駅弁とは別物である。しかも前にも書いたように、ＪＲ北海道の特急列車には車内販売がない。駅弁のお供に求めたご当地のサッポロクラシックビールが、目の前で「このままじゃ、ぬるくなるよ。早く飲んで！」とうるさい。

午前9時をまわったばかりだが、幸い隣は空席だ。「朝からビールなんか飲んで」と隣人からさげすまれることもない。

朝のビールは、心にしみる。「ご馳走御膳」に鎮座する知床鶏の竜田揚げと道産帆立てのちゃんちゃん焼きもつまみにぴったりである。

窓の左手では、天塩川が悠然と北へ、北へと流れている。道南では、木々も緑一色だったが、名寄を過ぎたあたりから黄色が目立つようになった。季節の移ろいに北の大地は敏感だ。

それにしても旭川から北の鉄路は、宗谷本線のみになってしまった。深名線も羽幌線も天北線も興浜北・南線もあっという間になくなってしまった。

宗谷本線自体も名寄までは快速が1日4往復走るなど、本数もあるが、音威子府以北の普通列車はわずか3往復しかない。

トドマツをふんだんに使った木造の天塩中川という駅に停車した。なかなか良い雰囲気

原野の向こうに海を隔てて利尻富士が見える

で、ぶらり途中下車したかったが、降りてしまうと次の稚内行きまで5時間近くある。1日平均7人しか乗客がいないので少ない本数も仕方ないが、残念無念。

ほどなく幌延（ほろのべ）駅に着いた。高レベル放射性廃棄物の最終処分場をめぐって有名になった町だが、ひっそりと静まり返っていた。出発間もなく、草原が広がり、牛たちがのんびりと寝そべっている。間もなく終着稚内。明日10月14日は、鉄道記念日（現「鉄道の日」）のこころだぁ！

稚内で鉄道記念日を考える

本日は、大事な、大事な、鉄道記念日（現「鉄道の日」）である。であるのだが、新橋（汐留）―横浜（桜木町）間に日本初の鉄道が開業したのは、明治5年9月12日なのだ。

それはなぜか。この年の師走まで日本は、太陰暦（月の満ち欠けに基づいて1カ月を定める暦）を使用していた。

50年後の大正11年に、太陽暦に換算して10月14日を鉄道省が記念日に制定した、というわけ。元禄時代に起きた赤穂浪士討ち入りの「記念日」は、陰暦12月14日のままだから、なかなかややこしい。

何はともあれ、近代化を急いでいた明治政府は、西欧諸国にあわせてグローバルスタンダードである太陽暦に切り替えるより早く、鉄道を敷設したのである。まさに「鉄は国家なり」ならぬ「鉄道は国家なり」だったのだ。

鉄道150年の歩みは、まさに近代日本の歩みそのものなのだが、日本経済同様、鉄道

着きました！　日本最北端の駅稚内

も今一つ元気がない。

じゃあ、元気になるのはどうすればいいかは、本書の別ページの記事をお読みいただくとして、令和阿房列車の先を急ごう。

特急「宗谷」は定刻の午後0時40分、ホームが1つしかない稚内駅に滑り込んだ。札幌を出てから5時間10分だが、まだ乗り足らない。しかし、鉄路はここで途絶えている。やむを得ず、改札を出る。

駅舎は11年前に改装したばかりで、道の駅わっかないやバスターミナル、それに映画館まであって賑わっていた。ヒトの賑わいあってこその駅だ。

さて、ここまでくれば行かねばならぬ場所がある。ネットでは、駅から徒歩30分とある。

観光案内所のおばさんに、道順を聞くことにした。

「氷雪の門へは、どの道を歩けばいいですか？」

おばさん、記者の腹回りをじっくりと観察しながら、「若い人なら速足で20、30分で行けますけど…。そこにタクシー乗り場ありますよ」。

郷に入っては郷に従うのが、旅の鉄則だ。地域経済にも貢献しなければならぬ。

タクシーに乗ったら、ものの数分で着いたが、氷雪の門がある稚内公園までかなりの急坂だった。日本一短いロープウエーがあったのもむべなるかな。おばさんの言う通りにして良かった。

「氷雪の門」の前に立つと、自然と手を合わせたくなる。

ここからは、樺太が指呼の間に見える。だが、今は定期船も途絶え、はるか遠い島となった。戦前は稚内と樺太を連絡船が8時間で結び、大いに賑わった昔は夢のまた夢だ。

傍らの「九人の乙女の碑」には、「皆さんこれが最後です　さようなら　さようなら」の文字がくっきりと浮かび上がる。

ソ連による昭和20年8月9日から始まった満州、樺太、北方領土への侵略と日本人への蛮行は、決して忘れてはならない。

タクシーの運転手に教えられた「青い鳥」の塩ラーメンは、しみじみとした味がした。第一列車はここでおしまい。第二列車は、休む間もなく、奥房総へ暴走します。その話のあれこれは、また明日のこころだぁ！

【ついでに一言】氷雪の門
両側に高さ8メートルの望郷の門、中央に敗戦の失意から再びたくましく立ち上がった人々を象徴する2・4メートルの女性像からなる樺太島民慰霊碑。還らぬ同島で没した同胞多数の霊を慰めるため、稚内公園内に昭和38年に建立された。

着きました！
日本最北端の駅稚内 氷雪の門。
樺太はすぐそこだった

令和阿房列車で行こう

第二列車
汽車が鹿ひく房総編

- JR 総武快速線、内房線（東京 ── 木更津）
- 久留里線（木更津 ── 上総亀山）
- 外房線（安房鴨川 ── 勝浦）

第二列車

1

汽車が鹿ひく久留里線へ

第一列車は、北の最果て・稚内に到着した。しばし、機関庫で休息をとろうという腹づもりだったが、早くも締め切りが近づいてきた。

おかげさまで、読者の皆さまから「コロナ禍で鬱々としていたが、朝から旅に出かけた気分になれた」「私も函館本線に乗ってみたい」などの嬉しい手紙やハガキ、メールを多数いただいている。記者生活36年、お叱りの手紙やハガキをいただく方が圧倒的に多い身としては、なんともこそばゆい。そんな中、「元祖・阿房列車には、内田百閒先生に付き従うヒマラヤ山系君が重要な役割をしていましたが、令和版はいないのですか。画竜点睛を欠きますね」という耳の痛いご指摘をいただいた。

確かにその通り。

「ヒマラヤ山系君」とは、平山三郎という国鉄職員。彼が国鉄の社内誌を編集していたとき、百閒先生に原稿を依頼したのが縁となって「弟子」となり、動悸持ちで一人で旅にいけない百閒先生にとってなくてはならぬ相棒だった。その割には、「ドブネズミ」扱いさ

久留里線はJR東日本随一の赤字路線。木更津駅に入線するディーゼルカー

れていたが。

　というわけで、読者のリクエストに応えて、今回は社内きっての鉄道愛好家（専門は京浜急行という少数派）で、中年独身男の○○サンケイ君に御同道願うことにした。「サンケイ」はむろん、産経新聞社員だから。○○には、彼の特技を示す言葉を入れよ

うと考えていたのだが、「それだけは、やめてやってくれ」と湯布院の兄貴が止めるので、略称「サンケイ君」とする。

今回は2人分旅費が必要なので、サンケイ君を令和の一等車である「グランクラス」に函館までご招待するわけにはいかない。日程も詰まっているので今回は日帰りにしたい。

自分だけ遠くへ行って、と呆れられた読者もおられるだろうが、元祖・阿房列車の百閒先生も第一作「特別阿房列車」の次作は、「区間阿房列車」と称して御殿場線の旅を楽しまれた。千葉県の鉄路も「房総鼻眼鏡阿房列車」というタイトルであちこち乗られている。

というわけで、「贋作阿房列車」ならぬ「令和阿房列車」も千葉県をめざすことにした。

千葉県は、旧型気動車の宝庫である小湊鉄道やいすみ鉄道、孤軍奮闘している銚子電気鉄道など中小私鉄が頑張っている数少ない地だ。ただ、どの鉄道も曽遊（以前訪れたことがある）の地であり、迷う。こういうときは、民主的にサンケイ君の意見を聞くに限る。

「貴君は、どこへ行きたい」

「久留里線がいいですね。ボクも乗ったことがないし。なにしろ気動車が鹿をひく路線ですから」

なかなかスジがいい。

「平成27年に上総亀山を出発して間もない木更津行きの列車が鹿をはねて2本運休になったんですが、その列車に誰も乗っていなかっただけでなく、2人しか影響を受けなかったそうなんです。千葉日報の記事が今でもネットで読めますよ」

どうでもいいことをよく知っている。東京から至近の地に、汽車が鹿ひく久留里線あり。しかも久留里──上総亀山間は、160万円を稼ぐのに2億7600万円もかかっており、JR東日本随一の赤字路線なのである。これは、いま乗らねばなるまい。そのあれこれは、明日のこころだぁ!!

【ついでに一言】専門は京浜急行

京浜急行が専門というのは上席論説委員の誤解ですが、確かに魅力的です。路面電車として産声を上げた路線なので家の軒先をかすめるように走るのですが、最高時速は120キロ。関東有数の俊足を誇り、付いたあだ名が「路地裏の超特急」です。「運転主任」と呼ばれる職人集団を擁し、事故や災害で輸送障害が発生した際も、信号やポイントの切り替え、車両の運用などを臨機応変に対応。ダイヤの復旧が早いことで知られています（サンケイ君・談＝以下S）。

快速グリーン車の2階から

またまた出発の30分も前に東京駅に着いてしまった。

秋の夕暮れ前に木更津から「汽車が鹿ひく久留里線」の終点まで乗ろうと思ったら、東京を午前5時57分に出発するのは論外として、10時54分発総武線快速君津行きにぜひとも乗らねばならない。乗り遅れると、万事休してしまうから気がせいてしまったのだ（次は3時間後しかなく、上総亀山着が午後5時前になってしまう）。仕事で30分も前に着けば、「早く来すぎた」と損した気分になるのに。

しかも今回は、何かと忙しいサンケイ君に御同道願っている。遺漏（いろう）があっては相済まぬ。

時間があるので、まずは10番ホームの下にある浜口雄幸（はまぐちおさち）首相遭難事件現場のプレートを訪ねて手を合わせた。昭和5年、特急「燕（つばめ）」に乗り込もうとした浜口首相は、佐郷屋留雄（さごうやとめお）に銃撃され、そのときは一命をとりとめたものの、翌年に死去した。

浜口死去の翌年、五・一五事件が起こり、さらに4年後には二・二六事件が起こるなど、昭和初期はテロの時代だった。

五・一五事件のときが、最も顕著だったが、当時の新聞（産経は戦前、東京に進出していなかった）の論調は、朝日も毎日（当時は東京日日新聞）も犯人に同情的で、報道に影響を受けた減刑運動が全国に広がった。

令和の御世（みよ）も大して進歩していない。一部メディアの報道ぶりは、五・一五事件の当時とうり二つだ（その時代に生きていたわけでないので、断言はできぬが）。安倍晋三元首相を銃撃した旧統一教会信者の息子になんと甘いことか。

93年前のテロの記憶が、
東京駅には刻まれている

こころを静めて、東京駅地下の商店街・グランスタに向かう。木更津駅での乗り換えがちょうど昼時にあたり、万一の場合を考えて非常食が必要だ。専門店の「豆狸」のいなりずしを第一希望にしていたが、レジに3人並んでいる。向かいの鮨店で「三種のマグロ海苔巻き」を入手した。

お茶も必要だがマグロは麦酒でお迎えしなければなるまい。

準備万端整った、地下総武3番線へ向かう。もちろん乗るのは、グリーン車だ。朝っぱらから普通車のロングシートで、海苔巻き片手に麦酒をたしなんでいては、堅気の衆にいい顔をされぬ。グリーン車だって同じじゃないかって？

グリーン車は、クロスシートで、しかも総武・横須賀線のグリーン車には、アテンダントが乗車していて麦酒も売っている。朝麦酒は、「公認」されているのだ。

乗車7分前、無事サンケイ君と合流する。手にはコンパス時刻表。心得ているねぇ。

一等車を偏愛した内田百閒先生も「どっちつかずの曖昧な二等には乗りたくない。二等に乗っている人の顔附きは嫌いである」（特別阿房列車）とけなしながら、一等車を連結していない列車では、ほとんど必ず二等（現在のグリーン車）に乗っており、「房総鼻眼鏡阿房列車」でも二等に乗車している。

総武快速線のグリーン車2階席で乾杯

君津行き総武快速のグリーン車は、ほどよくすいていた。ならば、2階席に限る。

錦糸町の手前で、地上に出ると、左手にスカイツリーが見える。いつもは無機質な塔が、特別な顔をしている。

そう、サンケイ君に勧められて、もう1缶目をプシュッと開けていたのだ。

続きは、また明日の奥房総のこころだぁ!!

第二列車
3
久留里線生みの親は鉄道連隊だった

「だいぶ昔、この辺りに朝回りにきたんですよ」

ＪＲ久留里線の起点、木更津を目指して東京10時54分発君津行きは、快調に津田沼付近を走行している。もちろん、私とサンケイ君は、グリーン車の2階席に鎮座している。

サンケイ君は、1缶目の麦酒を飲み干し、東京駅地下で調達した「三種のマグロ海苔巻き」も平らげて口も滑らかである。ちなみに、「朝回り」とは、文字通り、朝、取材対象者の自宅や利用する駅を訪れ、玄関口や駅で短時間、言葉を交わして取材すること。昭和の政治家や警察官は、家に親しい記者をあげて朝食を共にすることもあった。

そんな牧歌的な風景は今は昔で、まず家にあげてくれない。取材対象者に「顔を覚えてもらう」ためだけに通うようなもので、朝が苦手な私は、ン十年前、朝回りしたことにして、前夜の夜回りで聞いた大したことのない話を「朝回り情報」としてメモし、上司に報告していた（もちろん、バレていたが）。

サンケイ君の話に戻そう。

かつての二等車に相当するグリーン車。
2階から睥睨(へいげい)するのは気分がよい＝JR木更津駅

「そこで、気が付いたんですよ。道路が不自然に曲がっている道路なんてどこにでもあるだろう」

「曲がっていることを」

「いや、曲がり方が鉄道線路のそれで、調べてみたら旧軍が敷設した鉄道連隊演習線習志野線の跡地だったんですよ」

くだらないことを実によく知っている。代わって「令和阿房列車」を書いてもらいたいくらいだが、当方も鉄道愛好家の先輩としていささか矜持(きょうじ)もある。

旧軍は、占領地での輸送力確保のため鉄道連隊を編成し、演習線を千葉県各地に敷設した。習志野線は、千葉と習志野演習場を結び、明治末期に開通、終戦に伴って廃線となった。津田沼と松戸を結んだ線は、新京成電鉄に受け継がれている。

　これから目指す久留里線も鉄道連隊と因縁深い。実は、木更津―久留里間の路線は、110年前の大正元年に鉄道連隊が、訓練の一環として軌間762ミリの軽便鉄道を敷設したのが始まりなのである。その後、昭和5年に現在の狭軌に改軌され、11年に上総亀山まで延びた。さらに大原まで延伸される計画だったが、戦争の激化で中止となった。戦後もそのまま「盲腸線」のままにされ、「JR東日本随一の赤字路線」という汚名を着せられることになった。

　令和4年12月28日が、久留里線110歳の誕生日なのだが、盛大に祝ってくれるのだろうか。不憫（ふびん）なローカル線を憐（あわ）れんでいると、飲み物とつまみを抱えてアテンダントが2階に上がってきた。どうやら実習生のようで、先輩が後ろについている。サンケイ君の顔つきも健気（けなげ）な実習生の売り上げに貢献したい、という気持ち満々なようなので、ハイボール2本とつまみを注文した（どんなつまみを買ったかは、酔いで忘れてしまった）。

　小湊鉄道で活躍する旧型気動車の雄姿を五井で確かめ、午後0時23分、木更津に着いた。久留里線の発車は、午後1時1分なので、改札の外へ出て駅そばを食す。海苔巻きは非常食に過ぎない。なお、東京から上総亀山までの切符だと、途中下車できないのでご注意を。

さあ、待望の久留里線だ。ホームに降りて驚いた。何に驚いたかは、明日のこころだぁ!!

【ついでに一言】不自然に曲がる道路

「サツ官ならイエスです」。日航機墜落事故が題材になっている横山秀夫の小説『クライマーズ・ハイ』に、地元紙の記者が電話でデスクにこう報告するシーンがあります。墜落原因のスクープを放つ前、記者が事故調の調査官と接触し、言質こそ得られなかったものの、表情や態度などから、警察官であれば「イエス」の感触を得たと報告したのです。

事件担当の新聞記者は、朝に晩に捜査関係者をいろんな場所で待ち伏せし、接触を図ります。「夜討ち朝駆け」と言って労多くして功の少ない仕事ですが、毎日のように顔を合わせることで、スクープ記事を出すここぞという時に普段の反応と比較し、（優秀な記者であれば）「カン取り」につなげられます。私は朝回り中、捜査関係者の表情より道路の表情が気になる方でしたから、もちろん特ダネとは無縁ですが、廃線跡を発掘することはできたのです。決め手は直線区間からカーブ区間にさしかかる緩やかな曲線でした。「緩和曲線」と言って徐々にカーブがきつくなります。同じ緩和曲線でも高速道路のそれとは曲がり具合が違います。見た目で判断する場合は、まさに「カン取り」の世界です（S）。

意外や意外な!? 久留里線

9月某日、午後0時45分。駅そばをさっさと食い終え、木更津駅の久留里線乗り場に降り立つと、驚いた。

上総亀山行きに乗るため十数人も乗車口やベンチで待っていたのである。入ってきたE130系気動車も2両連結だった。

百聞は一見に如かず。「JR東日本随一の赤字路線」という惹句に惑わされ、通勤・通学時間帯でもない平日のお昼時に走る列車は、単行（1両編成）で、乗客も数人だろうという先入観に支配されていたのだ。なんと、車掌さんも乗っている。

ここで、ご注意。久留里線は木更津や久留里など3駅を除いて無人駅でスイカやパスモは使えません。わがサンケイ君もあわてて階段を駆け上がり、キップを買いに行った。もちろん、車内でも精算できます。念のため。

「貴君、いい運動になったね」

「記念切符がないか念のため見に行っただけですよ。ハイキングシーズンの土日はもっと

サンケイ君が撮った久留里駅停車中のE130系の雄姿

混むそうです。千葉県唯一のＪＲ非電化路線を売りにして、もっと力を入れればいいのに」

サンケイ君、少々不満げだ。

何しろ久留里線は、鉄道愛好家と地元民以外には、ほとんど知られていない。近くを走る小湊鉄道が、旧型気動車の人気もあって、コマーシャルやドラマの舞台としてしばしば登場しているのと対照的である。

第二列車初回を読んだ、わが職場きってのインテリである玉串委員長（長らく千葉県民をやっている）でさえ、「あんなところに電車（インテリなのに電車と気動車の区別がつかない）が通っているんですか。車に乗ればあっという間に着くのに」とのたまったほど。

確かに東京駅を出てから2時間も過ぎたの

に、まだ我々は木更津にいる。

　とにもかくにも、20人を数える客を乗せたＥ１３０系は、午後１時１分、汽笛の音も穏やかにそろりと出発した。

　Ｅ１３０系は、15年前、水郡線に登場した新顔の気動車で、旧型気動車に比べてファンが少ないのが玉にきず。それでも我々以外に、少なくとも６人が鉄道愛好家の顔つきをしている。

　空は曇っており、いつ降り出してもおかしくない。元祖・阿房列車のヒマラヤ山系君は雨男だったそうだが、わがサンケイ君も雨男の伝統を墨守しているのではないか。一人で運行した第一列車では、出発時こそ曇っていたが、徐々に日が差し、北海道では快晴となったのだが。嫌な予感がする。

　Ｅ１３０系は、木更津の住宅街を抜け、のんびりとした田園風景の中を軽快に走る。途中の横田駅などでも乗り降りがそこそこあった。

　車窓から流れるひんやりとした秋風が心地いい。でも、「気動車が鹿をひく」路線には、全然見えない。

「おかしいね」

草に覆われた久留里線の末端区間

「いや、まだまだこれからですよ」

乗ってもいないのに、自信満々な口調でサンケイ君は断言する。そうこうしているうちに久留里駅に着いた。ここで6分停車。６人とサンケイ君は写真撮影に余念がない。

当地は水が抜群にいいそうで、駅近くに水くみ場があるという。どこかでペットボトルを調達し、帰りにたっぷりくもうと腹づもりしたのが間違いだった。何が間違いだったのかは、明日のこころだぁ!!

終着駅で「襟裳岬」を歌う

9月某日午後1時53分、小休止を終えたE130系気動車は、9人の乗客を乗せて久留里駅を出発した。

風景ががらりと変わった。

線路近くに木々が迫り出した。サンケイ君が、「線路のヘリがちょっと錆色(さびいろ)になっていませんか」と小賢(こざか)しいことを言うが、無視する。久留里から先は1日上下17本しか走っていない(しかも昼間は最大5時間半以上も間隔があいている)ので、先入観がそのような色にみせるのだろう。

線路沿いを流れる小櫃(おびつ)川も「奥房総」らしく清々(すがすが)しい流れになってきた。ちなみに小櫃川の名前には、由緒正しき伝説がある。

ヤマトタケルノミコトが東征した折、海が荒れ、それを静めるために海に身を投じたオトタチバナヒメの亡骸(なきがら)が、房総の浜に流れ着いた。住民は川の上流で木を切り倒し、小さな棺(ひつぎ)(櫃)をつくった。その木を流した川が、いつしか小櫃川と呼ばれるようになったと

過激派が仕掛けた時限発火装置によって全焼した上総松丘駅

いう。

さすれば、上総亀山—上総松丘間で気動車にひかれた鹿も神の使いだったか。いよいよ「事件現場」に近いログハウス風の駅舎がある上総松丘駅に到着した。

もう一つちなみに、同駅は、平成2年11月23日、大嘗祭（だいじょうさい）に反対する過激派が仕掛けた時限発火装置によって全焼したというから本当の「現場」だったのだ。駅舎が立派に再建されたのは言うまでもない。

もちろん、サンケイ君からの受け売り情報である。彼は、本当にくだらない、いや、大事なことを何でもよく知っている。

同駅を出ると、深山幽谷の風景が、車窓いっぱいに広がった。終点まで3・9キロの間にトンネルが2つもある。どこかに「神の使い」が潜んではいないか、と目を凝らしたが、昼間からE130系を出迎えようという鉄分の多い鹿は、いなかった。

東京駅を出てから3時間17分後、終点・上総亀山に着いた。3分前に東京駅を出発する「のぞみ87号」に乗れば、岡山へ同時刻に着いている。

木更津から終点まで乗り通したのは（久留里から乗った地元のオバサンは、上総松丘で降りた）、8人。やはり我々を含め、全員が同好の士であった。

駅の改札口を出てどこかに出かけるでもなく、15分後に折り返す木更津行きに乗りこんだのである。平日午後なのに、愛好家パワー恐るべし。久留里―上総亀山間は、いまや彼ら（女性はいなかった）が支えている。

駅前は、かつて何軒か商店が軒を並べていたのであろうが、店の前に猫が悠然と寝そべっていた雑貨屋さんを除いてシャッターが下りていた。

何もない。森進一の「襟裳岬（えりも）」を心の中で歌ってみる。襟裳岬は「何もない春」だったが、こちらは秋である。

「貴君、どうしようかね」

「そうですね。このままじゃあ、あんまり面白いモノが書けないんじゃないですか」

サンケイ君、わが胸中をよくわかっている。

幸い、駅近くの亀山湖畔に温泉あり、との情報を事前に得ている。のんびり露天風呂に浸かって3時間後に出る列車に乗り、待ち時間がある久留里駅前で水をくんで帰る算段をした。だが、どこかで知らぬうちに神の御怒りを買ったのだろう。

詳しくはまた、明日のこころだぁ!!

久留里線の末端区間は空気輸送

うらぶれた雰囲気が漂う上総亀山駅前

第二列車
6

なぜか勝浦で伊勢海老を食す

奥房総の山中にいたはずなのに、太平洋にほど近い勝浦で、伊勢海老を食している。いったいなぜか。時計の針を3時間ほど遡ろう。

9月某日の午後2時15分ごろ。前回、うっかり上総亀山駅を「何もない駅」と書いてしまったが、歩き始めるとなかなか滋味深い。ちょっとさびれているだけだ。空き地にコスモスが咲き乱れている。秋の奥房総、いいじゃないか。

ほどなく亀山ダム湖（亀山湖）が見えてきた。千葉県最大の多目的ダムで、晩秋の紅葉は最高らしい。訪ねた時は、紅葉に程遠く、亀山湖にかかる深紅（観光案内の写真では）のはずのアーチ橋もくすんでいた。

「早くペンキを塗りかえればいいのに」

と、サンケイ君が正直に感想を言うモノだから、つい軽口をたたいてしまった。

「ここに回す予算がないのかもよ。久留里線みたいだね」

すると、どうだろう。これまで持ちこたえていた曇天からポツポツと冷たいモノが落ち

レールが途絶えた車止めの先にコスモスが咲いていた＝千葉県君津市

始めた。2人とも傘なんて持ち合わせていない。コンビニもない。○○温泉ホテルへ急ごう。

午後2時半までに着けば、日帰り入浴ができる。速足でどんどん進み、午後2時29分着。間に合った、と安心したのもつかの間。「木曜は日帰り入浴休みます」の札が。

亀山湖に架かる川俣大橋。
手を合わせてから僥倖が続く

南無三。いや、近くに亀山観光案内所がある。「足湯」というのぼりも立っていた。食堂もあるようだ。そこそこ歩いたので、喉が麦酒を待ち望んでいる。アクシデントに備えてプランBを常に用意しておくのが、サラリーマンのイロハのイだ。

急ぎ足でたどりついたが、お約束通り、休みだった。この辺りは、木曜が安息日のようだ。天は我々を見放した。いや、橋と久留里線をコケにした罰を下されたのだろう。すみません、とつぶやいたら、スマホをいじっていた雨男・サンケイ君が素っ頓狂(すっとんきょう)な声をあげた。

「もうあと5分で、千葉発安房鴨川行きのカピーナ号というバスがすぐ近くを通りますよ」

よくやった。久留里の名水は、あきらめよう。霧雨の中、カピーナ号に飛び乗って、あっという間に安房鴨川に着いた。

さあ、どうする。外房線に乗ってとりあえず勝浦を目指した。雨は本降りになり、勝浦駅前の観光案内所は既に閉まっていた。仕方なく、コンビニで傘を買ったついでに、店員さんにお薦めの店を聞くと、地元の魚屋が経営する「魚屋の食事処　おぎの」を教えてくれた。

開店を待ちかねて暖簾(のれん)をくぐると、隣が魚屋になっていた。注文すると、魚屋のオヤジさんが、現物をもってきて「これでいいか」と確かめてから店の人が料理するので、味に

勝浦のイセエビ

間違いがあろうはずがない。

というわけで、サンケイ君は当然の如く勝浦名物・伊勢海老の鬼殻焼きを所望した。少々、値が張ったが、雨男に逆らってはいけない。浜に揚がったばかりのカツオもぷりぷりだ（三角編集局長、これは経費で請求していないのでご安心を）。

勝浦には2つも酒蔵があり、どちらか一方だけ、というわけにはいかない。「腰古井」と「東灘」を交互に試した。おかげで帰りは、上総一ノ宮で乗り換えて東京に着いたが、さっぱり覚えていない。天は我々を見放さなかったのは確かである。

第三列車長崎行きは、明日出発のこころだぁ!!

第三列車
九州ゆらり愉楽編

令和阿房列車で行こう

■ JR 鹿児島本線（八代 ―― 新八代、鳥栖 ―― 博多）
■ 肥薩おれんじ鉄道編（八代 ―― 川内）
■ JR 九州新幹線
（新八代 ―― 川内、熊本 ―― 新鳥栖）
■ 西九州新幹線（武雄温泉 ―― 長崎）
■ 大村線（諫早 ―― 早岐）
■ 佐世保線（佐世保 ―― 江北）
■ 長崎本線（長崎 ―― 諫早、江北 ―― 新鳥栖）

第三列車

1

ブルートレインに乗りたい！

いよいよ元祖・阿房列車ゆかりの地、九州である。令和版の最終目的地は、西九州新幹線が開通したばかりの長崎だが、その前に必ず行かねばならぬところがある。

内田百閒先生は、阿房列車の旅で幾度も九州を訪ねているが、鹿児島へ行こうと長崎へ行こうと必ず立ち寄ったのが、八代(やつしろ)の松濱軒(しょうひんけん)だった。航空便も新幹線もない時代、東京から夜行列車で一昼夜かかった八代まで百閒先生、なんと10回以上も通っている。

何が、先生の心をとらえたのか。百聞は一見に如(し)かず。真相を解明すべく八代に飛んだ。阿房列車なのに、「飛んだ」という単語に違和感を抱いたあなたは偉い。正確に書けば、阿蘇くまもと空港まで全日空機で飛び、空港バスで松濱軒を目指したのである。

本来ならば、百閒先生の事績を偲(しの)んで、列車で行くべきなのは重々、承知している。

だが、誠に遺憾ながら東京―九州間は、直通の夜行列車が一本もない。先生が幾度も乗った急行「きりしま」はむろん、後に登場した特急「富士」「さくら」「あさかぜ」といったブルートレインたちも国鉄の分割民営化後、全廃されてしまった。東日本、東海、

ありし日のトワイライトエクスプレス

西日本、九州の4社の路線を通らねばならず、調整が非常に困難なのは素人でもわかる。それでも豪華列車を投入すれば、十分収益を得られるのにねぇ。もったいない。

東海道山陽新幹線はといえば、東北新幹線「はやぶさ」のようなグランクラスに匹敵する「一等車」を連結していない。100系ひかりに連結されていた食堂車が、消えてしまってから幾星霜。令和の御世で、「乗り鉄」を満足させる列車が九州まで走っていないのである。

もう一つお断り。第二列車から乗車したサンケイ君は、今回も乗務するが、休みを利用しての「自主参加」である。

遊びだか仕事だかわからない阿房列車に何

日もつきあわせて、本業に差しさわりがあってはいけない。というくらいの分別は、私にもまだ残っている。

第三列車でも、飲食の場面が頻繁に出てくるであろうが、ほぼ自費で賄っていることを読者の皆様も三角編集局長もぜひ誤解なきよう願いたい。

というわけで、全日空機である。熊本行きに乗るときは、左側の窓際に限る。着陸間際に緑あふれる阿蘇の内輪山と外輪山が、まるで円谷特撮映画のマットペイントの如く迫ってくるからである。今にもラドンが空から舞い降りてきそうだ。

午前10時、空港着。待つことしばし。やってきた空港バス「すーぱーばんぺいゆ」は、マイクロバスだった。ちなみに「ばんぺいゆ」とは、ザボンの一種である。

「スーパーというから大型観光バスだと思ってました」

サンケイ君が失礼なことを口走ると、雨が降るジンクスがあるので、慌ててたしなめた。

「乗客数を考えると（乗車日は9人）ちょうどいい。この大きさだと高速料金も安いはずで、いい経営判断だ。表記も『すーぱー』と平仮名だしね」

わずか50分で、九州新幹線と鹿児島本線の乗換駅、新八代駅に着き、乗客の大半が降りた。

間もなく松濱軒で、我々は意外な〝真相〟を聞くのだが、それは、もちろん明日のここ
ろだぁ!!

【ついでに一言】ラドン

昭和31年に封切られた東宝映画「空の大怪獣ラドン」の主役である有翼怪獣。本多猪四郎が監督、円谷英二が特技監督を務めた。九州を舞台にラドンが暴れまわり、帰巣本能で噴火する阿蘇山に戻るシーンは圧巻。鉄道愛好家には、ラドンによって破壊される西鉄福岡駅と電車のシーンは必見だ。

阿蘇くまもと空港から八代市街へは
マイクロバスで

百閒先生、松濱軒を偏愛す

夢にまで見た松濱軒である。

大名長屋門である冠木門をくぐって、金500円を払って中に入ると、別世界だ。

とは書いたものの、別世界を上手く表現できないので、本家の筆を借りよう。

「庭の豪奢なのに一驚を喫する。昨日見た島津公別邸の磯公園を小さくしたようだが、磯公園よりは水の配置が纏まっている。大きな池が座敷の前庭にひろがり、折れて座敷の廻り廊下に沿い、向うの出島の裾を洗って、まだ続いた先が一番広い」（「鹿児島阿房列車」）

鯉が悠然と泳いでいる。百閒先生が泊まっていた座敷は、十畳と控えの八畳が庭の方へ、廊下をめぐらして突き出ている。

今は、特別の場合しか座敷に上がれないのが残念だ。縁石で往時を偲んでいると、パンフレットを眺めていた若い女性が「内田百閒って誰？」と連れの男性に聞いている。すると、近くにいた窓口係兼案内人のA子女史が飛んできて、「元祖・乗り鉄の作家さんですよ」と解説し、二人は曖昧な笑みを浮かべた。

百閒先生が愛した松濱軒

「美味(おい)しいですね。これで30行は書ける」

サンケイ君が、身もふたもないことを言う。

「でもそのまま書いて、読者が信用してくれるかなあ」

百閒作品に9回も登場した

松濱軒に泊まった年月		収容作品
第1回	昭和26年　7月	第一阿房列車
第2回	28年　3月	第二阿房列車
第3回	6月	第二阿房列車
第4回	10月	第三阿房列車
第5回	30年　4月	小倉から宮崎へ
第6回	31年　6月	鯉の子(ノラや)
第7回	11月	八代紀行(ノラや)
第8回	32年　6月	千丁の柳(ノラや)
第9回	33年　6月	臨時停車

どうも「令和阿房列車」を絵空事として読んでいただいている読者も多いようなのである。サンケイ君も三角編集局長も湯布院の兄貴も実在する。本名を明かせぬのが残念だ。

さて、本題。なぜ百閒先生は、松濱軒を偏愛したのか。

先生が、最初に松濱軒を訪ねたのは、昭和26年7月。鹿児島から肥薩線（豪雨被害にあった同線は、復旧のめどが立っていない）に乗って終着の八代で降り立ち、駅長から紹介された旅館で、爾来10回以上も投宿している（正確な回数は、先生にもわからない）。すべての阿房列車に同行したヒマラヤ山系氏は、こう書き遺している。

「古風な違い棚のある床の間には、掛け軸が何時も取代えてある。その前に、小さな椅子くらいある脇息に凭れて、先生は一日じゅうでもいいから、じいっとして坐っていたいのである。――どうして、こんなに気に入ってしまったのか。説明することはむずかしい。日常坐臥、箸の上げ下げにも気むずかしい先生が、である」（「実歴阿房列車先生」）

要は、最側近の山系氏にもわからなかった、のである。確かに庭は素晴らしい。建物にも趣がある。とはいえ、実際に来てみると、「なぜ？」だけが残った。疑問を案内係のA子女史にぶつけると、「ついた仲居さんが気風がよかうえに酒豪で、百閒先生のお気に入りだったそうですよ。そうでなきゃ、こんなに頻繁にきませんよ」と自信満々に断言する。「八代のおなごは呑みっぷりがよかとですからねぇ」と豪快に笑う。

なるほど、そういう話もあったか。箸の上げ下げにもうるさい先生が、食用ガエルが夜通し鳴いたり、近くの工場から妙な臭いが流れたりしても文句のひとつも書いていないのが、不思議だった（カラスの鳴き声は、きたないとけなしていた）が、その話が本当なら、さもありなん。よかねぇ、先生。

まあ、謎は謎のまま八代の海に流して、次へ急ごう。明日は、「おれんじ食堂」のここ ろだぁ!!

【ついでに一言】絵空事ではありません
上席論説委員の記憶力は大したものです。取材ならまだしも、汽車に乗って酒を飲むだけの気ままな旅でメモ帳を取り出すのは無粋と思ったのでしょうか。いちいちメモを取らず、自分の名刺の裏に酒の名など要点を書き留める程度でした。もちろん、記憶で書く以上、旅先での会話が一言一句、全て正確に再現されているとは言いませんが、新聞記者は事実に誠実でなければなりません。本家に倣い登場人物こそ仮名でも、令和の阿房列車が「絵空事」でないことだけは、随行した私が請け合います（S）。

第三列車

3

シャッター街に名店あり⁉

内田百閒先生ゆかりの松濱軒（しょうひんけん）を堪能したら、急に腹が減った。次は、八代駅から新八代駅まで鹿児島本線で1駅戻り、九州新幹線に乗って川内（せんだい）へ向かう予定だが、まだ時間がある。

松濱軒に向かうタクシー（空港バスは八代駅で降りた）で、どこかいい店はないか、と既に運転手さんに聞いている。タクシー運転手の「昼飯情報」は、まず、はずれがない。運転手さんへの取材は、出張サラリーマンの基本動作である。

即座に「宗弘」という和食店を教えてくれた運転手さんは、逆にこう尋ねてきた。

「お客さんも花火を見に来られたんですか」

聞けば、昨夜は3年ぶりに「やつしろ全国花火競技大会」が開かれ、全国各地から20万人も集まったという。ホテルはどこも満杯で、有名芸能人も泊まれずに、宿を求めて熊本へ向かったんだとか。

「花火大会があるなんて知らなかった。ただ、汽車に乗りに来ただけです」とは、なぜか

九州新幹線が全通する平成23年まで使われていたアプローチ線（右）を望む＝新八代駅

言えず、「いえいえ、仕事の途中ですよ」とほほ笑んだ。まあ、ウソはついていないが、すっきりしない。「阿房列車」は、どこまでが仕事か、どこからが遊びか判然としないからだ。正確に「遊びと仕事の途中ですよ」と答えれば良かったたか。

などと、考え事をしながら、八代城の濠脇

熊本県八代市

を歩いて店を目指した。サンケイ君は、腹が減ったのか、考え事がないのか、ずんずん先を歩いている。

八代城は、明治期に建物が取り壊され、石垣だけ残っているが、なかなか風情がある。幕府は、一藩に一城しか築城を認めなかったが、薩摩への備えとして、肥後細川家には八代に城を構えることを認めた。細川家筆頭家老の松井興長（おきなが）が城主になって以来、代々松井家が城主を務め、ちょうど今年が築城400年の年に当たる。というが、全く初耳だった。まあ、観光客目当てに時代考証を無視したコンクリート造りの「天守閣」を再建するよりはましだが、観光地として売り出そうという気はまるでなさそう。

日曜の昼下がりとあって、道行く車も人も少なく、市の人口の2倍近い20万人を集客した花火大会の翌日とは思えぬほど。立派なアーケード街も、開いていたのはラーメン屋と焼き肉店、呉服屋くらいで、熊本県のゆるキャラである「くまモン」像の方が、買い物客より多かった。そんな中、一カ所だけ駐車場待ちの車が並んでいる場所が、目指す店「宗弘」だった。

店内には大生け簀（いけす）があり、八代海や天草から運ばれてきた鯛（たい）やヒラメが舞い踊っている。ほぼ満員だったが、奇跡的にカウンター2席が空いていた。

創業二十年足らずで地元を代表する名店になった「いけす料理　宗弘」の絶品寿司

メニューを持ってきた店員さんが、「『伊勢海老祭り』をやってます。お安いですよ」と勧めてくれたが、われわれは、つい最近、千葉・勝浦で食したばかりである。ここは、勝浦に義理立てしてご当地モノを刺身でいただこう。

シャッター街に名店あり。運転手情報に、間違いなし。海の幸と滋味あふれる球磨焼酎に酔いしれていると、もうこんな時間だ。誰も歩いていないアーケード街を小走りで駅に向かって、午後2時41分八代発の各駅停車になんとか間に合った。

予告した「おれんじ食堂」は、始発の川内までたどり着けず、本日運休。明日は必ず出発するのこころだぁ!!

これが俺たちの食堂車だ

新八代午後2時55分発さくら553号に乗ってから、わずか33分で川内に着いた。

川内と書いて「せんだい」とすぐ読めるのは、鹿児島と熊本県民くらいだろう。とは、薩摩隼人を自称する甘木先輩の口癖だが、鉄道愛好家なら誰でも知っている。

鹿児島本線の一部が、平成16年の九州新幹線新八代─鹿児島中央間開業時に、第三セクター「肥薩(ひさつ)おれんじ鉄道」に経営移管され、鹿児島側の始発駅となったのが、川内駅だからだ。

おれんじ鉄道の営業キロ数は、116・9キロを数え、第三セクター鉄道としては三陸鉄道などに続き、3番目に長い。第三セクター鉄道のご多分に漏れず、少子高齢化で沿線人口は減少、高速道の発達で苦戦を強いられている。コロナ禍が追い打ちをかけたのは言うまでもない。

そんなおれんじ鉄道の最大の売り物が、平成25年に登場した「おれんじ食堂」であり、すぐさま鉄道愛好家の心をわしづかみにしたのである。

「おれんじ食堂」の外観。海に映えるデザインだ

なぜか。ちょうどこのころ新幹線の新函館北斗延伸に伴い、食堂車を連結していた寝台特急「北斗星」などの廃止方針が決まり、日本の鉄路から「食堂車」が消えようとしていた。そうした経済合理主義万能の風潮に、新政府に反旗を翻した西郷隆盛の如く「新しい形の食堂車」というコンセプトを引っ提げて、颯爽と登場したからだ。

10月某日午後4時10分、JRの改札口から階段を下り、おれんじ鉄道のホームに向かう。

JR九州の豪華列車「ななつ星」を成功に導いた工業デザイナー、水戸岡鋭治氏が設計した深いブルーの車体が、既にホームで待っていた。

「待たせたねえ」

小さな、小さな声で、車体に語りかけたが、サンケイ君の反応はことのほか冷たい。

「誰も待っちゃあ、いませんよ」

「そりゃそうだろうが、天涯孤独の紋次郎だって、どこかで誰かが風の中で待っていたぞ」

「木枯し紋次郎なんて、若い読者は知りませんね」

不毛な会話は、さっさと切り上げて車内に入ろう。

洒落た椅子や広いテーブルに木材をふんだんに使い、暖簾のアクセントが効いている。和とモダンが融合した「水戸岡ワールド」全開だ。これこそ我らが待っていた「食堂車」だ。

1号車の車端は、カウンターが設えてあり、沿線のホテルや割烹から持ち込まれた料理を温めたり、冷蔵庫で冷やしたりできるようになっている。

既に、目にも鮮やかな1皿目の「霧島サーモンのマリネ」がスタンバイしている。あ、そうそう。肝心なことを書き忘れていた。「おれんじ食堂」は、原則金、土、日曜日に運行され、スペシャルランチ（2万2千円）は新八代―川内間、ディナー（サンセット、1万円）は川内―出水（冬季）間を走る。

午後4時30分、そろりと「おれんじ食堂」が出発した。

列車から南国の海の水平線を眺めながら、ビールでのどを湿す。至福のとき

　乗務員の第一声がまたいい。

「九州新幹線では味わえないスローライフな旅をお楽しみください」

　もちろん、ゆっくり楽しませてもらいますよ。メインディッシュは、もちろん明日のころだぁ!!

【ついでに一言】木枯し紋次郎
　昭和47年からフジテレビで放送された股旅物の時代劇。原作・笹沢左保（ささざわさほ）。中村敦夫（あつお）演じる紋次郎の「あっしには関わりのないことでござんす」は流行語になった。上條恒彦（かみじょうつねひこ）が歌った主題歌「だれかが風の中で」も大ヒットした。

おれんじは北斗星を超えた⁉

川内駅を午後4時30分に出発した「おれんじ食堂」は、ガタゴト北上している。乗車時は新型コロナ対策で定員制限があり、2両に十数人が乗車。なんとも贅沢(ぜいたく)な汽車旅である。

さっそく1皿目が運ばれてきた。八代で午後2時ごろまで昼餐(ちゅうさん)をしていた身には早過ぎるのだが、地ビールがお供なら何ということもない。銘柄は、不知火海浪漫麦酒の「ソレイユ」。軽やかな麦の味わいが、霧島サーモンによくあう。さつまいものポタージュもご当地色いっぱいだ。料理は、ランチとディナーでは業者が違い、本夕は、川内のSホテルが担当している。

川内から3つ目の薩摩高城(たき)駅で、小休止。希望者は遊歩道で海岸まで乗務員が案内してくれる。サンケイ君は電子タバコ吸いたさか、少し遅れて歩いている。「禁煙している」といいつつ、電子タバコを吸おうというのか。未練がましいが放っておく。

晴れていれば、夕陽(ゆうひ)が東シナ海に落ちる絶景を見られるのだろうが、生憎(あいにく)、空一面に雲が垂れている。さすが、雨男・サンケイ君のなせる業である。

「おれんじ食堂」一皿目のサーモンのマリネを肴にビールで乾杯

「行かれないのですか？　まだ間に合います
よ」
「ソレイユ」の二杯目を窓際で嘗めていると
乗務員の何樫さんが、親切に声をかけてくれ
た。観光列車に乗っているのに、遊歩道にも
行かない怪しい客と思われても業腹なので名
刺を出す。

「ああ、そうなんですか。東京からご苦労様です」

と、差し出された名刺には「営業戦略室主任」の肩書が。「戦略」の2文字に厳しい環境下のローカル線を全社一丸となって守り抜く気合を感じる。

聞けば、この駅の周辺に人家はほとんどなく、かつては鬱蒼とした雑木林に覆われ、海岸に近づくのも容易でなかったという。「おれんじ食堂」号登場を機に、乗客に海の絶景を歩いて楽しんでもらおうと、社員総出でチェーンソーの使い方を習って木を伐り、古くなった枕木を重ねて階段を設置し、手作りで花壇もつくったんだとか。

それを先に聞いていたら歩いていたのに。とか何とか言っているうちに、御一行様とサンケイ君は無事、帰還。午後5時6分、出水駅目指して出発した。

いよいよ、メインディッシュの御登場だ。黒毛和牛の赤ワイン煮込みが運ばれてきた。

「こんなに美味しいものは、食べたことありません!!」

サンケイ君が、オーバーな感想を口にする。日頃、どんなものを食しているかは知らぬが、食レポとしては、駆け出しの若手芸人にも劣る。と、舌打ちしつつ一口頬張ると、本当にうまい。定番料理こそ料理人の腕の良しあしがわかるというが、川内のホテル侮るべからず。丁寧な仕事ぶりだ。かつて上野―札幌間の寝台特急「北斗星」「カシオペア」の食堂車では、フランス料理が供されていたが、そのレベルを超えている。

先ほどから雨が、激しく窓を叩きつけている。サンケイ君の神通力、恐るべし。ふわふわした雲をイメージしたデザートを食べ終わると、もう終着出水だ。お父さんに連れられて乗っていた小学生の姉妹が、「ありがとうございました」と、乗務員に一礼して降りてゆく。

さあ、今宵の宿は、伝説に彩られた湯の児温泉だ。どんな伝説かは、明日のこころだぁ!!

夜行列車の食堂車みたい

途中駅ではこんなおもてなしも

第三列車

6

水俣でアントニオ猪木を偲ぶ

「おれんじ食堂」の終着、出水駅で降りた我々は、各駅停車に乗り換え、新水俣駅に午後7時3分、到着。外は真っ暗、もちろん雨は降り続いている。

「猪木と湯の児温泉とは浅からぬ因縁があるんですよ」

「U」という宿へ向かうタクシーで、サンケイ君が唐突に先日亡くなったアントニオ猪木の話を始めた。どうやら彼は、プロレスファンでもあるらしい。

「三十数年前、水俣での興行を終えた猪木率いる新日本プロレスの一行が、旅館Mの大広間で宴会中に大乱闘になり、レスラーが床柱や壁を辺りかまわずぶっ壊し、その旅館が廃業してしまったというんですよ」

「へえぇ」

「もちろん、都市伝説で、フェイクニュースなんです」

「なあんだ」

運転手さんは知ってるでしょ、とサンケイ君がドライバーに振ると、「知りませんなあ」

堂々と1席を占有するくまモン。都会の列車なら顰蹙（ひんしゅく）を買うかも

とにべもない。近年廃業した旅館Mは、「U」に行く道中にあり、タクシーを止めて雨の中、スマホで廃墟を撮りまくるサンケイ君を運転手さんは、不思議そうに眺めていた。

死後も伝説を遺(のこ)した猪木は、偉大だが、プロレスファンと一般人には、見えない壁がある。

Uは、夕食を頼まなくてもよい宿で、三角編集局長も安心の価格で泊まれる。温泉もぬるめの炭酸水素塩泉で心地いい。

朝起きても雨である。が、稀代(きだい)の雨男・サンケイ君が道連れなので驚かない。

水俣駅までバスは通っているのだが、おれんじ鉄道と接続が悪い。タクシーに乗りこむと、さっそくサンケイ君、昨夜と同じ質問をベテラン運転手にするが、やはり「知りません」。

気まずくなったので、「僕は神戸出身で子供のころ、夜汽車に乗って水俣を通過したことがあるんです」と媚を売ると、「若いころ神戸に働きに行って、『君は水俣病か』といきなり聞かれたんですよ」と明るく答えられた。

余計、気まずい。神戸市民を代表してお詫び申し上げる。

「昔は水俣の駅を降りると、ハンカチで鼻を蓋う人が結構いてね。病気がうつると思ったんでしょう。今からでも『水俣病』じゃなく『水銀病』という名前に変えてもらいたい」

確かに。新型コロナウイルスを「武漢ウイルス」と呼ぶ人が、中国の猛反発で激減したように国も真剣に考えてはどうか。被害者救済と風評被害の防止は両立するはずだ。

午前9時33分水俣発八代行きは、「くまモン」ラッピング車両で、オレンジ色の車体も車内もくまモンだらけ。おれんじ鉄道の努力に頭が下がる。

日奈久温泉までは、海沿いを走る区間が長く、旅人の目を飽きさせない。海の向こうに天草もかすんで見える。晴れていたらもっといいのになあ、と思ってはいけない。雨はいつかはやむ。人生と同じである。

八代駅の手前で、左側に草に埋もれた肥薩線の線路が見える。球磨川が氾濫した豪雨で大被害を受け、八代―吉松間が不通のまま歳月が流れた。地元では熱心な復旧運動が続いているが、なかなか話が前へ進まない。SL列車や観光列車だけでは路線が維持できないのは、重々承知しているが、このまま見捨てては愛好家の名が廃る。でも妙案がない。

困ったところで、明日は、西九州新幹線のこころだぁ!!

車内の至るところにくまモンが…

プロレスファンの間で伝説になっている「事件」の現場

「つばめ」と「かもめ」を考える

「歌舞伎や噺家は、名跡を大事にするでしょ。列車名も同じだと思うんですよ」

藪から棒にサンケイ君が妙なことを言い出す。我々は八代から鹿児島本線で熊本に出て、いまは「つばめ314号」博多行きの車内にいる。どうやら「つばめ」という愛称が、博多―熊本間（一部例外あり）の各停新幹線の名前に使われているのが、不満なご様子だ。

九州新幹線では、最速列車に「みずほ」、次に速いタイプに「さくら」、最も遅い各停に「つばめ」をつけている。

非愛好家のみなさんに、相撲を例にごく簡単に解説すると、かつては「つばめ」が横綱、ブルートレインの草分けだった「さくら」が大関、初代「みずほ」は東京―熊本・長崎間の寝台特急で最も歴史が浅く、小結クラスだったから、愛好家には下克上が起きたとみえるわけ。

何しろ、「つばめ」は国鉄の象徴だった。内田百閒先生は東京午後発の「はと」を愛用

西九州新幹線で復活した対面乗り換え。武雄温泉駅では在来線特急から新幹線にすぐ乗り換えられる

したが、「つばめ」も一等車を連結し、列車番号は栄光の「1」だった。プロ野球・国鉄球団の愛称は「スワローズ」で、名前を受け継いだヤクルト（弊社も一時期保有していた）を愛好家は、無条件で応援している（今の強さは、国鉄、サンケイ時代からはとても想像できない）。

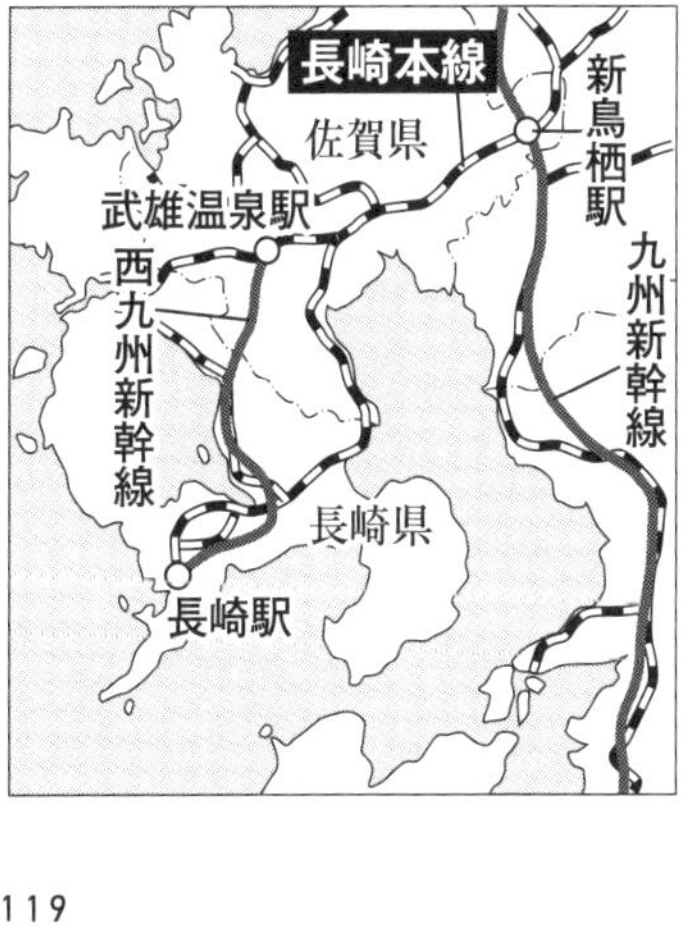

「まあ、JR九州も何か考えているんじゃないか」と根拠なく、適当に答えていると、もう乗換駅の新鳥栖だ。

長崎本線の乗り換え口へ急ぐと、胃袋を刺激するカツオ出汁の薫りが。鳥栖名物・中央軒の立ち食いうどん屋がここにあった。武雄温泉行き「リレーかもめ」号発車までわずかな時間しかなく、涙を呑んで「かしわうどん」は我慢し、発売開始から令和5年で110年を迎える「かしわめし」を買った。

西九州新幹線へ誘う「リレーかもめ」号は、かつて在来線特急「つばめ」号に使用された787系電車だった。

「つばめは、かもめの家来になったんですね」

サンケイ君が、しみじみと言う。初代特急「かもめ」は、京都―博多間を昭和28年から走り、百閒先生も乗車したが、一等車は連結しておらず、つばめより格下だった。

「一栄一落は世の常。初登場から30年もたつ787系が、元気に走っていることを称えようじゃないか」

百閒先生に成り代わって訓戒を垂れたが、漆黒の装いの787系は、歳月を経てもカッコいい（ただ、スピードを出すと結構、揺れる）。「かしわめし」も初めて食した四十数年

かしわめし

前と変わらぬ味だ。ただ、残念ながらお供の麦酒がない。ご多分に漏れず、「リレーかもめ」にも西九州新幹線にも車内販売員は乗っていないのだ。

　武雄温泉駅が近付いてきた。同駅は、リレー号が新幹線ホームに乗り入れ、階段を上り下りすることなく、平面移動で新幹線に乗り換えられる。既にJR九州では、九州新幹線が部分開業したとき新八代駅で導入し、経験済みだが、こちらは初体験で、ドキドキする。

　リレー号は、するすると高架線をのぼっていき、定刻午後0時53分に到着した。同じホームには、かもめ25号がいまや遅しとスタンバイしている。待ち合わせ時間は、わずか3分しかないが、今日はここまで。

　明日は、「かもめ」のこころだぁ!!

第三列車
8

かもめより凄い「あの列車」

9月23日に開業したばかりの西九州新幹線「かもめ」は、やはり初々しかった。車体は、東海道新幹線のN700Sと同じなのだが、工業デザイナー・水戸岡鋭治氏の手にかかると、あら不思議。車体下部にくっきりと赤いラインが引かれ、頭を黒くし、鼻をつけ、前照灯のまわりにアイシャドーを施すと、オンリーワンの「長崎新幹線」の出来上がり。車両も人間も化粧は大事だねぇ。

3分しかない武雄温泉駅での乗り換えはスムーズだった。在来線の「リレーかもめ」の自由席が4両で、新幹線「かもめ」の自由席が3両のため席取り競争になるかも、と身構えたが、杞憂（きゆう）だった。あわててホームを走る客は皆無で、乗車率約80%の指定席よりもかなり空いていた。おかげで、サンケイ君もばっちり写真が撮れた。

6両編成の「かもめ」にグリーン車は連結されていない。

車内は、これまたN700S系とは印象がまったく違う。

自由席は明るい黄色のシートで、南国気分を演出する。指定席の椅子は、木製で左右2

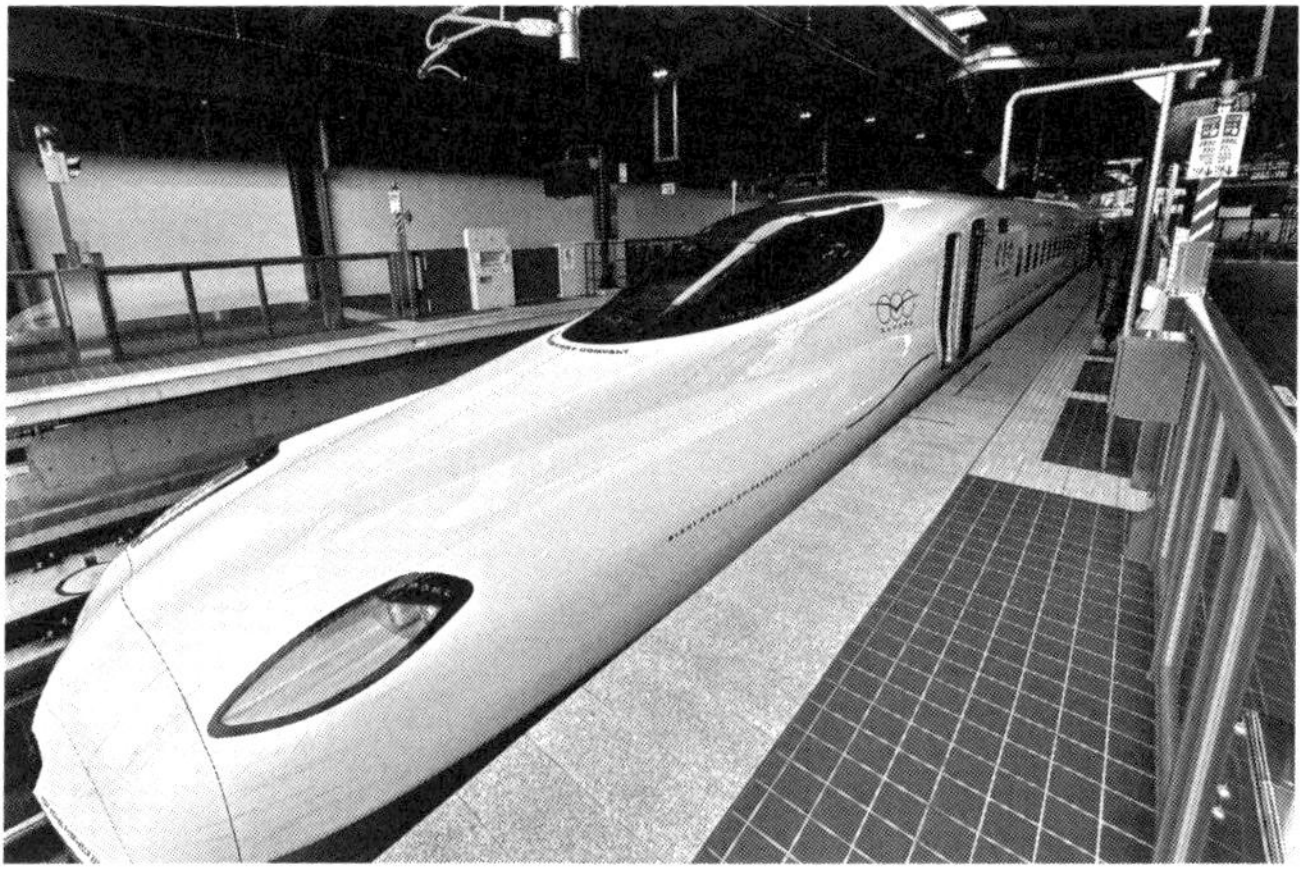

西九州新幹線のN700S8000。武雄温泉駅にて

列シートと、東海道新幹線よりゆったりしている。

車内を先頭から最後尾まで、ゆっくり見学していると、もう新大村だ。

自由席にあわてて座ると、椅子の張り地は、ざらりとした手触りで、背中のクッションも身体にフィットする。

新しいものは何でもいいいねえ、とウットリしているうちに、トンネルを抜けると長崎だった。武雄温泉から66キロ、わずか28分。やはりもったいない。

いかに武雄温泉駅が対面方式で、乗り継ぎがスムーズにいくからといっても博多まで1度、小倉以東は2度乗り換えるのは、キャリーバッグで移動する旅人や出張族には不便この上ない。博多、新大阪、そして東京を直接結んでの新幹線である。

武雄温泉―新鳥栖間は、佐賀県の反対で、いまだルートすら定まらず、着工のめどは立っていない。佐賀にとって西九州新幹線が全通してもあまりメリットがないと考えているようだが、武雄、嬉野両温泉への集客のみならず、博多―佐賀間の利便性は格段に上がる。

問題は、在来線をどうするかだが、二酸化炭素（CO2）削減の観点から手厚い補助金を鉄道会社に出している欧州に比べて日本は少なすぎる。と、詮無いことを考えていると、サンケイ君は新装なった長崎駅構内をスマホ抱えてあっちへ行ったり、こっちへ来たりと大忙し。

「昔の長崎駅は、これぞ『終着駅』という雰囲気だったけどねぇ」と愚痴っても、「新しいモノについていけない年寄りの繰り言ですね」と、サンケイ君まったく取り合わない。

さて、「第三列車」の行き先表示板は「長崎行」となっているが、ここで終わっては、令和阿房列車の名がすたる。

お気づきの方もおられるだろうが、ここまでの道中、一等車はおろかグリーン車にも乗っていない。これでは、読者の皆様に申し訳が立たない。そこで急遽、行き先を「佐世

西九州新幹線開業にあわせてデビューした「ふたつ星4047」

保経由博多」に変更し、延長運転する。
佐世保までは、大村線を走る普通車のみの区間快速「シーサイドライナー」に乗車するが、佐世保からは、あの列車に乗り込む。はっきり言って、「あの列車」は、かもめの数倍良かった。そんなあれこれは、また明日のこころだぁ!!

キハ40系とキハ140系を改造して生まれ変わった「ふたつ星4047」

第三列車
9

よく化けた「ふたつ星4047」

　というわけで、西九州新幹線の終点長崎駅で降りた我々は、いったん改札口を出て小休止した（サンケイ君は喫茶店で原稿を書いていた）後、5番ホームで、佐世保行き午後3時8分発区間快速「シーサイドライナー」を待っている。

　平和祈念像も浦上天主堂も訪ねたかったのだが、延長運転を決めた以上は、やむを得ない。

　隣のホームでは、大村線経由武雄温泉行き特急「ふたつ星4047」が発車を待っている。

「よく化けましたねぇ！」

「シっ。声がでかい」

　サンケイ君が、「ふたつ星」の乗客にも聞こえそうな歓声を上げたので、窘（たしな）めた。それにしてもよく化けた。

　令和2年の豪雨以来、肥薩線が不通になっているのは既に書いたが、同線を走っていた

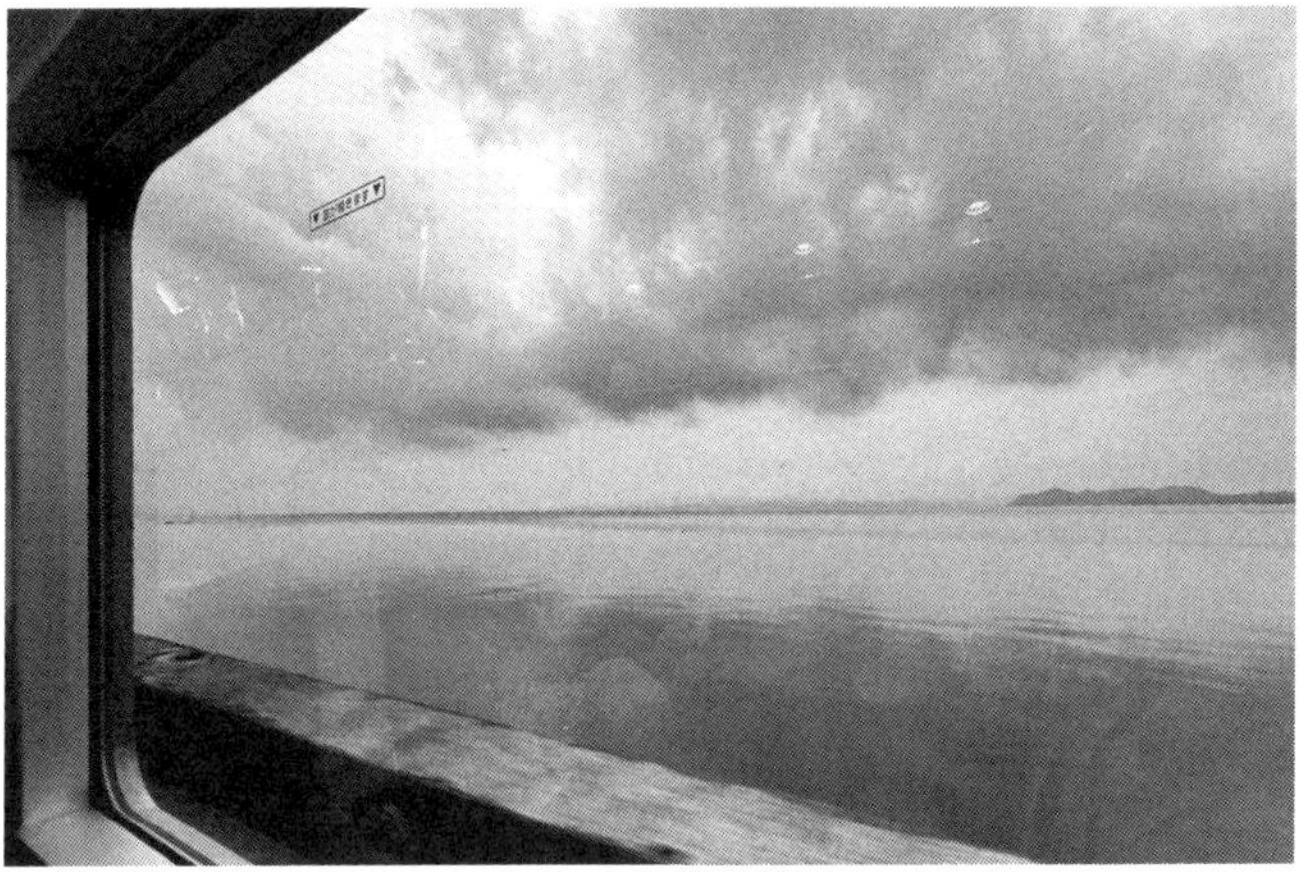

大村湾の水面が窓まで迫る大村線

観光特急「はやとの風」が同4年3月に廃止となり、わずか6カ月で車体を白に塗り替え、内装を一新して再登場したのだ。

列車名も凝っている。ふたつ星は、長崎と佐賀を意味するそうだが、同じＪＲ九州の看板列車「ななつ星」を連想させ、なかなか商売上手だ。４０４７は、国鉄時代に製造さ

れ、車歴40年以上を誇るキハ40と47を改造したことを示し、国鉄気動車派の愛好家を熱くさせている。

指定席も売り切れて結構なことだが、「はやとの風」は、もう戻ってこないのか、と思うと複雑な心境になる。複雑ではないサンケイ君は、写真を撮りまくっていたが。

今の「シーサイドライナー」の方は、つい最近登場したいたって現代風な気動車で、YC1系と名乗っている。「やさしくて　力持ち」をローマ字にして頭文字をとったものだそうで、車端の1区画のみ、向かい合わせのクロスシートになっている。

愛好家たるもの当然、クロスシートに座らねばならない。ロングシートで車窓左側の大村湾の風景を見ようとすると、常時、首を後ろに回さざるを得ず（混雑すると向かい側から海は見えない）、「変なオジサン」視されるのは必定だからだ。

満を持して列の先頭で待っていると（サンケイ君は「ふたつ星」の撮影で忙しい）、横には賢そうな男子中学生が立っている。まあ、後からくる友達と一緒にロングシートの端席でも座るのだろうとタカをくくっていたら、さにあらず。ドアが開くと軽やかなステップで、クロスシートの窓際に収まった。さっそくスマホでゲームをしだしたが、ここは孤独な彼の心休まる定席なのだろう。縄張りを犯そうとしたオジサンが悪かった。

「ライナー」は2両編成で、座席は出発前に埋まり、結構混んでいた。沿線にハウステンボスもあるのだから、1両増やして指定席も設ければいいのに。

雨もやみ、大村を過ぎたあたりから、左手に海が見え出した。雨男・サンケイ君の神通力もようやく薄まった。

海に最も近い駅のひとつである千綿（ちわた）駅に着いた。向かいに西彼杵（にしそのぎ）半島の山々が見え、湖の如（ごと）き大村湾は実に優しい。NHKテレビ「ロコだけが知っている」でも紹介されたが、本当にいいところですよ。ぜひ、車ではなく大村線で。

千綿から3つ目が小串郷（おぐしごう）。駅前には「特攻殉国の碑」の立て看板が。この地で特攻艇震洋や人間魚雷回天の要員が養成されたのだ。こちらこそぜひ。

明日は、謎の「36ぷらす3」のこころだぁ!!

YC1系気動車

これぞ令和の「つばめ」号だ

佐世保発博多行き特急「36ぷらす3」とは何ぞや。まずは、全車グリーン車で編成されており、久方ぶりにカムバックしたビュッフェ（立食の食堂）があることを押さえておきたいが、謎の名前の由来は後ほど。一刻も早く乗りたいが、ベーコンの焼ける匂いにひかれ、まずはホーム下の「佐世保バーガー」の店に立ち寄る。戦後、進駐軍から伝わった「佐世保バーガー」は、レシピに縛りはないが、出来立て熱々を供する〝決まり〟があり、本場並みにデカい。こちらは、ビュッフェの食事を美味しくいただきたいのでSサイズにしたが、サンケイ君は迷わずM（これがデカい）に。だから太るんだ、と言いかけたが、どこかの野党のようにブーメランになるのでやめた。

ホームには、ピカピカに磨き抜かれ、黒さを増した787系が6両編成でお出迎え。もうこれだけで、涙が出る。6号車に入って驚いた。床は八代産イ草使用の畳が敷き詰められ、靴を脱いで入らねばならない。窓枠は木製で、大川組子という細密な紋様が特徴の伝統工芸を上手く取り入れている。JR九州の車両デザインを一手に扱ってきた水戸岡鋭治

「36ぷらす3」のグリーン個室。いつか座ってみたい

氏の集大成ともいえる。やるねぇ。

「家に帰ったみたいですね」

サンケイ君が、凡庸な感想を口にするが、無視する。1号車も畳敷きで、3〜4人向けの個室は「一等車」の称号をつけてもいいほどの出来。3号車のビュッフェをはじめ、何から何まで最高である。窓枠に大川組子を取り入れたため窓の半分しか外が見えないのを除いて。それも慣れてくると一興で、気にならなくなる。

発車早々、佐世保バーガーを「九州CRAFT日向夏」麦酒とともにいただき、さっそく4号車のマルチカーに移動した。まずは隣のビュッフェで博玉明太サンド（卵焼きと明太子のバランスが絶妙）と九州産日本酒の飲み比べセットを所望する。ついでに五島手延べうどんと黒い鶏カレーを後で持ってきてくれるよう愛想のよいアテンダントに頼んだ。

内田百閒先生ならずとも、走る列車で飲み食いする愉楽は、何ものにも替えがたい。忘れていた。列車名の由来はこうだ。「36ぷらす3」の36は、九州が世界で36番目の大きさの島なのに因み、「乗客、地域、JR九州」の3者の3をプラスして39（サンキュー）というわけ。曜日ごとに運行ルートが異なり、佐世保―博多間は、月曜しか運転していない。そんな蘊蓄をサンケイ君に話して聞かせていると、決然と彼はこう言う。

「新幹線から『つばめ』の名跡を返上させ、『令和つばめ』にすればいいじゃないですか。シックな内装と豪華な個室は他の追随を許さない。しかも団体列車扱いの『ななつ星』や『瑞風』のように何十万円もとられるわけでなし。第一、列車名はわかりやすくないと」

世の中には、ごくまれに呑むと頭の回路がつながり、明晰な考えを述べる者がいる。サンケイ君もその一人であり、大いに肯くしかなかった。

それにしても寒い夜に五島うどんは、しみるねぇ。窓の外を見やるともう南福岡だ。このまま東京まで乗って帰りたい。

黒光りするJR九州787系「36ぷらす3」。全車グリーン車の豪華仕様だ

【ついでに一言】「つばめ」と序列

列車名には格式の差があり、旧国名など地名に由来する愛称より、花鳥風月の愛称の方が格が上とされます。筆頭は戦前の最速列車、超特急「燕」です。戦後の特急「つばめ」も一等展望車を連結する豪華列車でした。「みずほ」は東京と九州を結ぶ寝台特急でしたが、寝台特急のエースは「さくら」で、「みずほ」は補完的役割の脇役でした。にもかかわらず、九州新幹線の開業で異例の出世を果たし、最速列車の名の栄に浴することに。一方、戦前、戦後を通して別格の扱いだった「つばめ」が新幹線では各駅停車に成り下がったわけですから、伝統と格式に配慮を欠いたと言わざるを得ません（S）。

第四列車
四国らんまん編

シン・令和阿房列車で行こう

- JR 東海道本線、山陽本線、瀬戸大橋線（東京 ―― 高松）
- 予讃線、土讃線（高松 ―― 高知）
- とさでん交通桟橋線（高知駅前 ―― はりまや橋）
- JR 土讃線（高知 ―― 窪川）
- 土佐くろしお鉄道（窪川 ―― 中村）
- JR 予土線（若井 ―― 北宇和島）
- 予讃線、内子線（宇和島 ―― 松山）
- 伊予鉄道大手町線（JR 松山駅前 ―― 大手町駅前）
- 伊予鉄道高浜線（大手町 ―― 高浜）

第四列車
1
どうしてもA寝台に乗りたい

半年ぶりのご無沙汰です。

令和4年10月、勝手に「鉄道開通150年記念」と銘打ち「令和阿房列車で行こう」を連載したが、終了後も「ぜひ続編を」という多くの手紙やはがき、メールをいただいた。記者生活37年で初めての出来事である。

人生で一度も他人を褒(ほ)めたことがないフジテレビの富士先輩からも「君の政治記事はしょうもないが、これだけは良かった」とのお言葉を頂戴した。感謝感激雨霰(あられ)。

なお、前回お読みいただいた読者の皆さんには、先刻ご承知のお約束ではあるが、登場人物は元祖・阿房列車に倣(なら)って原則仮名なのでお間違いなきよう。

さあ、この感激をおなじみの三角編集局長とともに分かち合いたい。さっそく投書の束を小脇に抱えて「続編」掲載を打診してみた。

もちろんタイトルは、「シン・仮面ライダー」をパクって、いやオマージュして「シン・令和阿房列車で行こう」でいかがだろうか。

日本唯一の夜行寝台特急「サンライズ瀬戸・出雲」号。東京駅を午後9時50分に出発する

「やりたければ、どうぞやってください」

感激を分かち合ってくれたようには見えなかったが、さすが決断がはやい。

平成元年、西武ライオンズの堤義明（つつみよしあき）オーナーが、パ・リーグ3位に終わったシーズン終了後、去就が注目されていた森祇晶（もりまさあき）監督（いずれも当時）に投げつけたセリフと同じだが、気にしない、気にしない。答えはイエスだ。

乗る列車はもう決めている。

日本でただ1本（正確には2本）残っている定期の夜行寝台特急「サンライズ出雲・瀬戸」号だ。今回は、JR四国に面白い特急列車が走っているという噂を聞きつけたので、「瀬戸」の方にしよう。

「瀬戸」はA、B寝台にノビノビ座席車を連結しているが、どうせ乗るならA寝台シングルデラックスに限る。

これまた読者の皆さんご承知の通り、元祖・阿房列車の作者である内田百閒先生は、一等車を偏愛し、夜行列車では一等寝台（現・A寝台）に身をゆだねるのを常としていた。B寝台では、「令和阿房列車」の看板が泣こうというもの。

お供は、前シリーズに引き続き、鉄道のことなら何でも知っているサンケイ君だ。

さあ、出発進行！　と、大手を振っていきたいところだったが、我々の前には、大きな障壁が立ちはだかっていた。

「サンライズ瀬戸」のA寝台個室は、わずか6室しかないのだ。出発を予定している3月某日は、春休み真っ最中の日曜日。A寝台は発売開始直後に売り切れてしまうという。

というわけで、サンケイ君、きっぱりとこう提案してきた。

「10時打ちにチャレンジしなければなりません。先輩も並んでください」

JRの指定席券は、乗車日1カ月前の午前10時から全国のみどりの窓口で一斉に発売が開始される。午前10時ちょうど、駅員に端末の発券ボタンを押してもらうことを「10時打ち」といい、何時間も前からみどりの窓口に並ばないといけない。

B寝台シングルの車窓

最近はネットで簡単に指定席が予約できる便利な時代になったが、入力に手間がかかり、「10時打ち」にはかなわない。
53年前の夏、大阪万博で月の石を見るためだけに5時間並んで以来、行列には並ばぬ誓いを立ててきたが、やむを得ぬ。
続きは明日のこころだぁ！

【ついでに一言】月の石
昭和45年の大阪万博「アメリカ館」で展示された、アポロ12号が持ち帰った〝月の石〟の実物。万国博の歴史に残る人気となり、観るのに待ち時間3時間以上は当たり前だった。

第四列車

2

決死の「10時打ち」直前に奇跡が…

さあ、小学6年生のとき以来、ほぼ半世紀ぶりに「10時打ち」に挑戦だ。

当時は山陽新幹線が、まだ岡山までしか開通しておらず、濃紺の車体からブルートレインと称された「あさかぜ」など寝台特急列車が全盛だった時代。大阪と青森を結んでいた「日本海」など人気列車は、夏休みともなると午前10時のかなり前にみどりの窓口に並んでいなかったら予約できなかった。

あのときは、関西と九州を結んでいた特急「明星」のB寝台下段をとるため神戸駅に朝早くから並んだ(学校を休む度胸がない小心者だったので、たぶん日曜だったはず)。「明星」はブルートレインではなく、昼夜兼行の583系電車で運用されていた。

クリーム地に濃く太い青の帯をまとった車体は、スタイリッシュで旧型客車愛好家の私でさえ心ときめいた。

ではなぜ下段に固執したのか。583系のB寝台は3段式で、下段は広い上に窓が大きく、狭苦しい中・上段とは雲泥の差があった。苦心惨憺(さんたん)の末、キップを買えたときの喜び

ありし日の寝台特急「あけぼの」

寝台特急「あけぼの」B寝台の車内。583系と異なりこちらは2段ベッドが並ぶ

は、今も忘れ難い。我が人生で、数少ない成功体験の一つだ。

「サンライズ瀬戸・出雲」に使用されている285系電車は、583系電車のただ一つの跡継ぎでなんとも因縁めく。

さて、昔取った杵柄とはいえ、あれから半世紀もたったいま、「10時打ち」の環境も変わった。当方も夢も希望も体力もあった当時とは違い、階段を上るのさえためらってエスカレーターを探す還暦男となり、長時間の行列待ちは命にかかわる。

しかも並んだはいいが、「売り切れです」と駅員さんに冷たく突き放されたらどうしよう。ネットで情報を収集してみると、「みどりの窓口」自体が、JR各社の合理化で減っており、「10時打ち」ができない駅も増えたという。端末を扱う駅員の技量も成否を左右し、「できる駅員さん」に当たるのは運次第なんだとか。

胸がドキドキしてきた。鉄道のことなら何でも知っているサンケイ君だって、肝心なときに寝坊するかもしれない。

賢明な読者の皆さんの中には、「新聞記者なんだからJRに頼み込めばいいじゃないか」とお思いになった方もおられるだろうが、それはできない。

前シリーズで先刻ご存じの通り、意図的に書いているつもりはないのだが、鉄道会社でも登場人物でも自然と悪口になっている場合があるらしい。まったく筆者の不徳の致すところだが、便宜を図ってもらったら、何でもかんでもヨイショしたくなるのが人情である。

それでは元祖・阿房列車の作者、内田百閒先生に相済まぬ。

記者は食わねど高楊枝。決死の覚悟で翌朝は「みどりの窓口」に並ぶ腹を決めた土曜夜、奇跡が起きた。寝る前にスマホを取り出し、ＪＲ西日本の「ｅ５４８９」サービスで検索すると、なんと3月某日土曜のB寝台シングルが２枚空いていた。昼間検索したときは満席だったのに。どうやら夜になってキャンセルが出たらしい。

阿房列車では、A寝台に乗るのが掟（おきて）だが、不確実な成功より目先の２枚だ。さっそく確保し、サンケイ君には作戦中止と出発の繰り上げを伝達した。

だが、好事魔多し。この続きは、明日のこころだぁ！

【ついでに一言】10時打ち

ＪＲの切符は１ケ月前の午前10時から全国一斉に発売されますが、繁忙期の人気列車ともなると秒単位の争奪戦です。ネット予約や指定席券売機ではチケット確保は困難で「10時打ち」が必要です。発売開始時刻の前にあらかじめ駅窓口の係員に指定券申込書を渡しておき、「マルス端末」と呼ばれる発券機に列車や座席の情報などを入力しておいてもらえば、係員が10時の時報とともに発券ボタンを押せます。それでもわずかなタイミングの差で涙をのむことも（S）。

二匹目のドジョウは実在した

朝起きると、喉がゴロゴロする。体もどことなくだるい。

スマホをいじって棚ぼたで寝台券を入手してから1カ月後の3月某日土曜午前7時過ぎ。あと14時間と少しで、東京駅から寝台特急「サンライズ瀬戸」に乗り込まねばならないというのに、どうしたことか。

前夜は、取材先との会合があったが、生ビールとハイボール1杯ずつで我慢し、「体調でも悪いんですか」と心配されたほど節制していたのに。

嫌な予感はあった。

内田百閒先生も「隧道の白百合　四国阿房列車」(『第三阿房列車』に収録)では、道中で風邪をひいてしまい、ほとんど全編、「また熱が出た」「なまけるにも体力がいる」といった調子。肝心の四国の列車に乗っても「迎えの自動車で高知駅に出て、十時発の一〇六列車二三等準急行南風号で高松へ向かった」という一文のみ。土讃線沿線の風景描写も同行していた山系君との会話もなし。よほど体調がよろしくなかったのだろう。15を

東京駅9番線で出発を待つ「サンライズ瀬戸」。この日は琴平まで延長運転された

数える阿房列車シリーズの中でも異彩を放っている。

百閒先生ならそれも許されようが、令和阿房列車では、そうはいかない。

あわてて体温計を探し出し、表示された数字は36・9度。平熱よりやや高く非常に微妙だ。

新型コロナウイルスに感染していたら、即刻中止せねばならぬ。こういうときのため、抗原検査キットを家に常備している。試すのはこれが3度目で、我ながら手馴（な）れてきた。

長い綿棒の先で鼻の奥をつつき、キットに試薬を入れて待つこと15分。

赤紫の線が2本浮き上がってくれれば、陽性。一度経験したが、千尋の谷に突き落とされた気分とはこのことだろう。線が1本にとどまると陰性だが、15分が1時間にも2時間にも感じられるほど長かった。結果はめでたく1本だった。念には念を入れ、風邪薬を飲んで出発までじっとしていることにした。

夕方、再び体温を測ると36・7度になんとか下がった。これなら大丈夫だ。

拙宅から「瀬戸」の始発である東京駅までは1時間以上かかり、横浜駅から乗った方が楽なのだが、やはり始発駅から乗車したい。東京駅までのお供にいつもの土曜なら夕刊フジを買って日曜競馬の検討をするところだが、売店は閉まっていた。

仕方なく、無聊（ぶりょう）を慰めようとスマホを取り出し、何の気なくJR西日本の「e5489」で空席情報を眺めていると、1つだけA寝台個室が空いていた。

なんということだ。最後まであきらめない、という生き方の素晴らしさを還暦になって初めて教えられた。今さら遅いが。

この1枚を同行してくれるサンケイ君に譲って、自分はB寝台のまま旅をすれば、「立派な先輩だ」と称（たた）えられただろう。もちろん、そんなことは、これっぽちも思わなかった。称賛よりもA寝台個室である。

夜、旅立つときの東京駅には情緒がある

ただし、「e5489」で予約した場合、東京駅ではJR東日本の自動券売機では発券されず、八重洲口にあるJR東海の窓口まで行かねばならない。

これが結構な手間で、「大人の事情」がチラチラ透けてみえたが、まあ奇跡の1枚がとれたので良しとしよう。手持ちのB寝台券も払い戻し、準備万端整った。いよいよ出発進行は、明日のこころだあ！

第四列車

4

風格漂う25周年のサンライズ

A寝台シングルデラックスの切符を握りしめ、東京駅9番線ホームに駆け上がると（実際はエスカレーターに乗って）、もう寝台特急「サンライズ瀬戸・出雲」が入線していた。夜明けの霞（かすみ）をイメージしたベージュ色を基調とし、朝焼けの太陽を象徴する赤色の帯に金色のラインをあしらった285系電車は、デビュー当時は新鮮で初々しかったが、いまや風格さえ漂わせている。早いもので「サンライズ」が登場してから7月で25周年を数える。本当にあっという間だった。

いやいや感慨に耽（ふけ）っている場合ではない。同行するサンケイ君を探さねば。いた、いた。先頭車両の近くにいた。一眼レフの高そうなカメラを首から下げ、写真撮影に忙しそうだ。

ちなみに「四国らんまん編」で使用している写真は、過去の資料写真以外は、すべてサンケイ君の手になるものである。彼は実は知る人ぞ知る敏腕記者なのであるが、鉄道カメラマンとしても十分やっていける。

運行開始から25年。285系電車は今日も夜を駆ける

後輩をこれほどヨイショするのには、もちろんワケがある。自分だけA寝台に乗るというのは、ノミの心臓を持つ身としてはやはり気が引ける。ここはさっさと素直に告白しよう。

「A寝台が1室だけ空いていてね」

「それは良かったですね」

意外にあっさりした反応にホッとする。しかし、次の一言が胸に刺さった。

「急遽キャンセルした人はつらかったでしょうね」

そうか。奇跡の1枚をゲットした喜びに舞い上がり、どういう事情かはわからぬが、出発直前にキャンセルせざるを得なかった愛好家（たぶん）の心境に思いが及ばなかった。

顔も名も知らぬ愛好家にも心を配るとは、サンケイ君は人間が出来ている。これは一層、心して乗らねばならぬ。

あっさりサンケイ君の了解を得たので、A寝台個室のある4号車へとさっさと向かう。その前に3号車の共用スペース「ミニサロン」を拝見。通路を挟んで両側に、大きな窓の前にカウンターが設えられ、椅子が4脚ずつ設置されている。発車前から愛好家の皆さんがくつろいでいた。

いよいよ4号車に入った。2階建てで、1階部分がB寝台ツインで、2階部分がA寝台だ。久方ぶりの邂逅に胸が高まる。

ただ、残念なことにかつては、個室寝台内にＦＭラジオのチューナーがあり、眠れぬ旅人の無聊を慰めていたのだが、いつの間にか廃止されてしまった。最近はタクシーに乗ってもラジオを搭載していない車が増えた。「明日のこころだぁ！」が締め言葉の「小沢昭一の小沢昭一的こころ」（ＴＢＳ）と、森繁久彌のＮＨＫ「日曜名作座」に育ててもらったラジオ好きにとっては淋しい限りだ。

そうそう。まったく余計な話だが、「第四列車　四国らんまん編」連載中の令和五年五月、三回にわたってニッポン放送「私の正論」に出演させてもらった。もちろん、「シン・

令和阿房列車で行こう」の宣伝が主な目的だったが、聞き手の元フジテレビアナウンサー、吉崎典子さんにうまく乗せられ、熊本県の盲腸線である三角線の終点・三角駅まで行ってわざわざ買った「鯛の姿ずし」の素晴らしさについて熱弁をふるってしまった（私はそのとき神戸に住む小学六年生だった）。何しろ天草の天然鯛を惜しげもなく使った尾頭付きの逸品で、二十年前ほど前に姿を消したのは、つくづく惜しい。これほどの駅弁は二度と再び現れないのではないか。

話が横道にそれた。もちろん、続きは明日のこころだぁ！

【ついでに一言】サンライズのミニサロン

かつて一部のブルートレインにはロビーカーが連結されていました。列車によってサロンカーやラウンジカーともいいますが、ソファーに座って休憩したり、旅の仲間や他の乗客たちと談笑したりできる社交場でした。サンライズに設けられた「ミニラウンジ」（ミニサロン）は、海側・山側にそれぞれ4席ずつの椅子とカウンターを配置しただけのわずかなスペースですが、個室内と違って天井が高い分、開放感もあります。車窓を眺めながらお酒を楽しむには最高の場所です（S）。

第四列車

5

走るホテルの酒はなぜ旨い

お待たせしました。

3月某日午後9時50分、定刻通り「サンライズ瀬戸・出雲」は、東京駅9番線ホームから滑るように出発した。

A寝台個室シングルデラックスの室内は広く、長さ196センチ、幅85センチのベッドが窓際に置かれ、洗面台だけでなく、机と椅子も設(しつら)えられている。

何しろ窓がデカい。歯ブラシやタオルといったアメニティーグッズが入った袋も充実している。「走るホテル」の寝台料金は1万3980円だ。

ノートパソコンを持ち込んでいれば、机で夜中じゅう仕事ができたところだが、持っていないものは仕方がない。

パソコンの代わりに、サンケイ君が気を利かせて持参した清酒「八海山」の小瓶と缶ビール、それに乾きモノのつまみを机に並べた。

「サンライズ」唯一の欠点は、食堂車を連結していないことだ。残念ながら新幹線を含

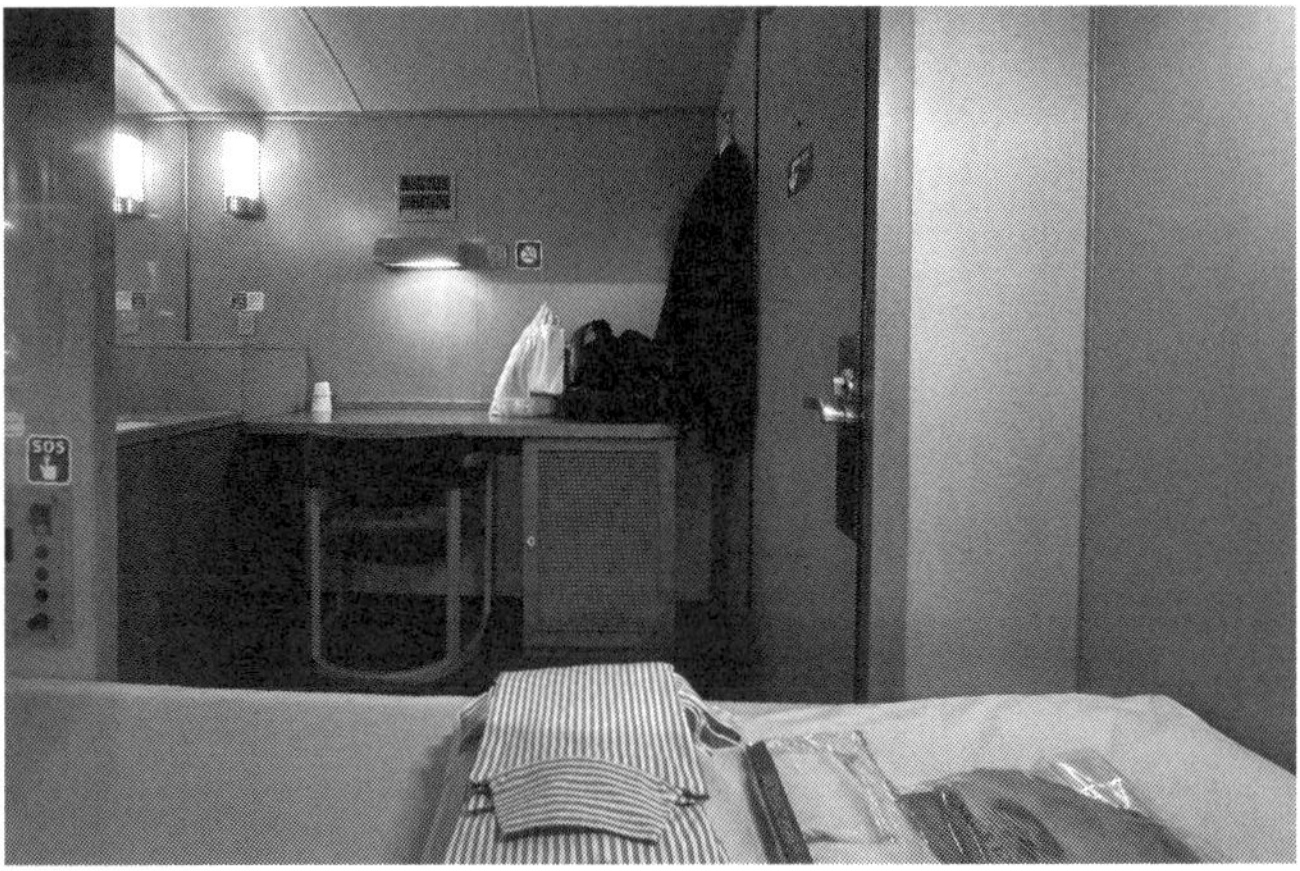

乗りたくても乗れないプレミアチケットになっているA寝台個室「シングルデラックス」。
さしずめ現代の1等寝台「コムパアト」である

め、観光列車を除いて食堂車を連結している列車は皆無なのである。だからといって、旅立ちの乾杯を車内の自動販売機で売っているミネラルウオーターで済ますわけにはいかない。水盃（みずさかずき）じゃああるまいし。

元祖・阿房列車の内田百閒先生が、昭和26年6月に乗った急行「筑紫」にも食堂車が連結されていなかった。だが、これで引き下がる先生ではない。戦後の物資乏しい中、わざわざ魔法瓶を2本買って熱燗（あつかん）にした日本酒を入れ、お供の国鉄職員山系君に持たせて一等寝台（マイネ40）に乗り込んだのだ。

マイネ40の一等寝台も個室だったが、ベッド以外に椅子はなく、ボーイが木箱に古いカーテンを何枚も敷いた簡易椅子をつくり、急場をしのいだという。

令和のA寝台個室には立派な椅子が備わっており、令和のサンケイ君がどっかと座る。「山系君の椅子よりよほどいいですね」と、学のあるところをさり気なくアピールする。

そんなことよりさあ、一献。

ここで、前々回をお読みになった読者の中には、微熱があるのに一杯やって大丈夫か、とご心配された方もおられるかもしれない。確かに東京駅までは、少々だるかったのだが、A寝台個室の切符を入手し、乗り込んだ時点で、もうすっかり元気になっていたのである。

我ながらまるで子供である。

麦酒を少し舐めているうちに、もう横浜だ。

塾帰りだろうか。小学校高学年くらいの少年が、羨望のまなざしでこちらを眺めている。窓が大きいだけに、ホームからは、むさ苦しい中年男2人が杯を交わしている姿が丸見えだったはずだが、少年よ。我々のような大人にはなるなよ。

麦酒の後の「八海山」もすいすいと胃の腑に落ちる。走る列車で飲む酒は、どうしてこんなに旨いのだろう。

百閒先生ご一行も、あっという間に魔法瓶2本の日本酒を飲み干し、熱海駅でボーイに冷酒を買い足してもらっている。

午後11時を過ぎ、その熱海が近づいてきた。「八海山」は既に空き瓶となったが、現代のA寝台にボーイはいない。しかも駅売店は閉まっているはずだ。

「もっと買っとけば良かったですね」

「いや、旅のはじめはこのくらいがちょうどいい」

訓戒を垂れつつ、自らに言い聞かせたのは言うまでもない。まだまだ夜汽車の旅は続く。

続きは、明日のこころだぁ！

【ついでに一言】山系君の椅子

本家「鹿児島阿房列車」では急行筑紫の一等コムパアトに陣取って一献を傾けようとしたものの椅子がなく、ボイ（車掌補）に空の木箱を持ってきてもらい、古いカーテンを重ねクッションにしましたが、今のA寝台個室にはひじ掛け付きの立派な椅子があります（S）。

第四列車
6

夜汽車は人生の教科書である

紳士のたしなみとして小宴を熱海駅までで切り上げ、サンケイ君をB寝台に追い出し、いや丁重に送り出した。

送り出しついでに、隣の車両のミニサロンをのぞいてみると、若い旅人が、片肘ついてぼんやりと外を眺めていた。

夜行列車ほど日本人の感性にぴったりくる乗り物を私はいまだに知らない。

急行「八甲田」（確かめたわけではないが）から降りた朝の青森駅が雪だったおかげで、石川さゆりの「津軽海峡・冬景色」は不朽の名作になり、はしだのりひことクライマックスの「花嫁」も夜汽車に乗っていた。明日の夜、つきあっていた女性と別れて汽車に一人乗ろうと決意したのはチューリップだった。

とるに足らぬ私の人生でも節目、節目に夜汽車は、大きなアクセントをつけてくれた。

旅の楽しさを初めて知ったのは、急行「天草」だったし、初の上京をエスコートしてくれたのは急行「銀河」だった。

漆黒の夜を懸命に走り抜けると、空が白々と明けていく。明けない夜はないという人生の哲理を夜汽車は教えてくれる。

そんな夜汽車が、国鉄民営化後、合理化とＪＲ各社の調整が難しいことから次々と消えていった。毎日走る夜行列車は、これだけだ。

高松駅に到着した「サンライズ瀬戸」

サンライズ瀬戸の運行区間

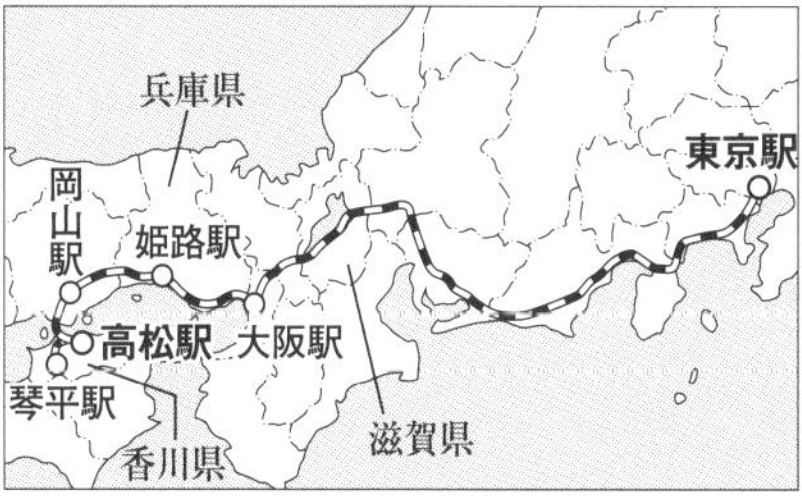

さあ、部屋に戻って眠るとしよう。シャワーブースもあるのだが、微熱がぶり返しては元も子もないので我慢した。ベッドの具合は申し分ない。何よりも静かなのがいい。昔の寝台車は、列車が動き出すときに連結器が軋むガチャンという音で目が覚めたものだが、ほとんど音がしない。

おかげで沼津駅を発車（午後11時39分）した後の記憶がない。普段は午前0時前に寝ることは滅多にないのに、どうしたことか。

「サンライズ瀬戸」は2度目の乗車だが、前回もそうだった。今回こそは、生まれ故郷の神戸駅を通過するさまをこの目で見たい、と念じていたのだが、気がついたときは姫路駅の手前だった。しかも雨だ。

前シリーズをお読みいただいた方には、先刻ご承知の事実ではあるが、サンケイ君は、元祖・山系君同様、希代の雨男なのだ。観光地をあちこち巡るわけではないので、一向に構わぬが。

午前6時27分岡山駅着。ここで、連結していた「出雲」とお別れ。内田百閒先生に敬意を表してプラットホームに降りる。岡山で生まれ育った百閒先生は、九州行きの列車に乗ったとき必ず岡山駅の歩廊に降り立った。しかし、決して改札外へ出ようとしなかった。空襲で城まで焼き払われた後、すっかり様変わりしてしまった故郷を見たくなかったのだろう。

停車時間は4分。朝早くから弁当屋が開いていたのだが、寝ぼけていて財布を持っていなかった。1時間後、これが大いなる失策だったと思い知らされることになる。

ほどなく列車は瀬戸大橋へ。雨に煙る瀬戸内の島々と海という山水画のような風景を、横になりながら眺める贅沢さは筆舌に尽くし難い。

午前7時27分、高松に到着。本来はここが終点なのだが、今日は琴平まで延長運転される。我々は幸運だ。だが、すぐさまアンラッキーな出来事が起こった。その一部始終は、また明日のこころだぁ！

高松駅ホームに「あれ」がない

高松駅構内にあるべきものが、なかった。そう。立ち食いの「連絡船うどん」屋が、駅ビル建設のため影も形もなくなっていたのである。

「連絡船うどん」とは、宇高連絡船の船内で供されていたうどんを再現したもので、鉄道愛好家にもファンが多かった。

「ありませんね」

「ないね」

二人ともショックで口数も少なくなった。1時間前、岡山駅で駅弁を買っておけばよかった、という悔悟（かいご）の念を口に出すのもはばかられた。うどん県の玄関口に立ち食いうどん屋がないのは、お節料理に黒豆とカズノコがないようなものである。

飛びぬけてうまかった記憶はないのだが、もう一度食いたい。もちろん改札の外にうどん屋はいくつもあるはずだが、そういう話ではない。

致し方なく、構内のセブンイレブンでホット珈琲（コーヒー）とおにぎりを買って車内に戻った。

平成元年に登場した2000系気動車は、今も健在だ

それにしても人生何が起きるかわからない。

午前8時2分、定刻通り「サンライズ瀬戸」は琴平へ向け出発した。おまけの延長運転は、「連絡船うどん」消失の傷をいささか癒やしてくれた。

いつまでも乗っていたかったのだが、

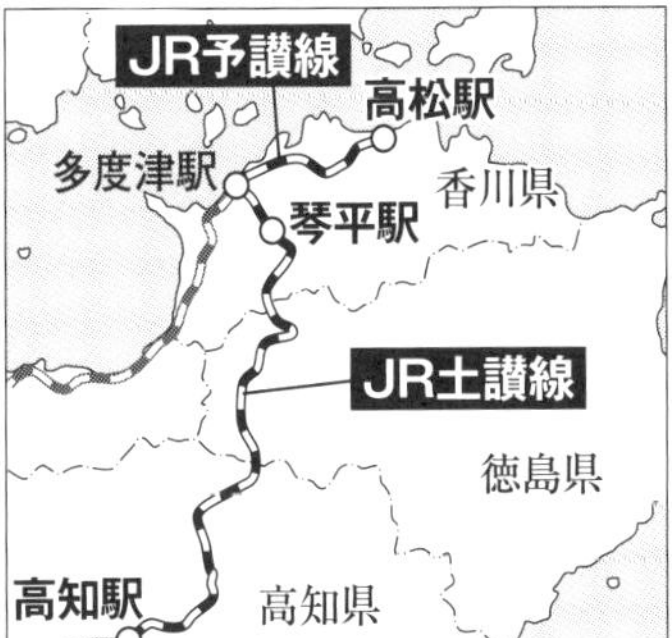

あっという間に琴平に着いてしまった。高松の手前の坂出で乗り換えれば、よほど早く着くのだが、用事がないのでこれでいいのだ。

本来なら霊験あらたかな金毘羅さんにお参りせねばならぬところだが、用事もないのに先を急ぐ身。森の石松のように親分から代参を頼まれてもいない。駅頭から非礼をわび、特急「しまんと5号」に乗り換えるとしよう。

もちろん、指定席などとっていないので駅で買おうとしたら結構、難儀した。

ＪＲ四国もご多分に漏れず、合理化で、高松など主要駅以外は、指定券を含め切符は自動券売機でしか売ってくれない。

琴平駅の指定席発売機は1台しかなく、しかも先客のお年寄りが、備え付けの電話で、オペレーターと話し込んでいる。

列は私を含め、瞬く間に4人になった。こういうときこそ、泰然自若として煙草(たばこ)をくゆらせればいいだけの話なのだが、何十年も前に禁煙している。

他のＪＲもそうだが、有人の切符売り場をどんどん減らしているのは、愚策中の愚策である。件(くだん)のお年寄りがオペレーターとのやりとりを終えて紙幣を入れ、切符を手にするまで5分もかかった。昔の窓口なら1分以内で済んでいただろう。

東京から琴平まで乗り換えなしの延長運転

これでは、ますます鉄道に乗ってくれなくなる。

我々も発車時間が迫ったため、発券にひと手間かかる指定券はあきらめ、自由席にした。これだけでＪＲ四国は差額１４６０円を損したことになる。

ホームに出ると、ほどなく2両編成の「しまんと」号が入線してきた。

よく見ると２０００系（正確には２１５０形）気動車ではないか。平成元年に登場した世界初の振り子式気動車で、ＪＲ四国の顔だった。近年は、新型の２７００系に駆逐され、肩身の狭い思いをしていると聞いていたが、ここで巡り合ったのも金毘羅さんのお導きだ。

30年以上の車歴も何のその。エンジンの音轟轟（ごうごう）と、土（ど）讃（さん）線名物の急カーブも大歩危（おおぼけ）小歩危（こぼけ）の名勝も軽やかに駆け抜け、春らんまんの土佐に着いたところで、また明日のこころだぁ！

ダイヤモンドクロスよ永遠に

特急「しまんと5号」は、10時37分、定刻通り高知駅に到着した。

お目当ての特急「志国土佐　時代の夜明けのものがたり　立志の抄」の発車まであと1時間半近くある。長ったらしい意味ありげな名前をつけられた列車の話は、次回のお楽しみ。

ちょっと一休みしようと、構内で喫茶店を探していたら、日ごろ要領を得ないサンケイ君が、「とさでんに乗りましょう」と決然として言う。

とさでん（165ページに画像）とは、明治37年に開業した土佐電気鉄道をルーツとする路面電車で、総延長25・3キロあり、120年近くにわたって高知市民の足となってきた。

「チンチン電車はあまり興味ないんだけど」

「はりまや橋までちょっと乗れば、あのダイヤモンドクロスが見られるんですよ」

「ダイヤモンドクロス？」

鉄道ファンの聖地、はりまや橋交差点の「ダイヤモンド クロス」を渡る

とさでん（とさでん交通の路面電車）

「そんなことも知らないいんですか⁉」

サンケイ君が長口上をふるって解説してくれた話をかいつまんで書くと、こうだ。

正確には、「ダイヤモンドクロッシング」という。鉄道が十字型で平面交差するとき、二条のレールが交差する部分がひし形に見えることからこの名前がついた。直角交差は全国でわずか3カ所しかなく、中でも高知は、1つの軌道から直進、右左折できる複分岐器という珍しいポイントを使っている。平日の午前8時12分には、同時に3両の電車が交差点に入り、直角に交わることなく、それぞれ右左折していく「奇跡のトリプル・クロス」が拝めるとか。

残念ながら今日は日曜で、8時12分でもないが、サンケイ君が乗り場へずんずん歩いていくので、仕方なくついていく。

目に入ってきた電車は、なかなか年季が入っている（車齢は70年か）。かつて帝都を隈（くま）なく走っていた都電を彷彿（ほうふつ）とさせる。うん、これならいい。

車社会の到来で、昭和後期から荒川線を除く東京や京都など全国各地の路面電車は次々と廃止されたが、岡山以西の西日本を中心に、まだまだ元気に活躍している。高知だけでなく、広島にしろ熊本にしろ、路面電車が残っている都市は、人に優しく、文化を大事にしている、ような気がするから不思議だ。

蓮池町通の停留所を発車すると、ダイヤモンドクロスだ。交差点の赤信号で止まると、後免線の電車が通り過ぎ、高知駅行きが信号待ちをしている。確かに、なかなかの奇観である。

はりまや橋を地元の人は、「日本三大がっかり名所」と自虐的に言うが、観光に来たわけではないのでがっかりしない。

というより、土日も「奇跡のトリプル・クロス」を運行して「はりまや橋のダイヤモンドクロス」をもっと売り出してはどうか。サンケイ君のようなモノ好きがいないとも限らない。

てなことを妄想しつつ、はりまや橋にほど近い喫茶店で高知新聞を読んでいると（もちろん産経新聞を読んだ後）、ＮＨＫの朝ドラ「らんまん」に出演している松坂慶子さんが、県の観光キャンペーンで来県しているではないか。松坂さんはウルトラセブン出演以来のファン。当方は、高知県からもＮＨＫからも一銭もいただいていないが、これから乗る「志国土佐」は、ドラマのモデル・牧野富太郎博士の故郷、佐川を通る。これも何かのご縁。本編を「四国らんまん」編と名付けたところで、続きは明日のこころだぁ！

第四列車
9

「ソラフネ」と「クロフネ」の物語

　キハ185系気動車2両を改造し、それぞれ「ソラフネ」「クロフネ」と命名した特急「志国土佐　時代（トキ）の夜明けのものがたり」は、不思議な列車だ。コロナ禍真っ盛りだった3年前の夏に登場し、運転区間も土讃線の高知―窪川間で、沿線に著名な観光地があるわけではない。どうせなら土佐くろしお鉄道に乗り入れて中村か宿毛（すくも）まで延ばせばいいとは思うが。

　にもかかわらず、乗車率は結構、高い。その不思議さは、おいおい解明していくことにして、とにかく腹が減った。

　サンケイ君は、はりまや橋近くの喫茶店でトーストを頼み、「高松駅うどん事件」（前々回参照）で受けた傷を癒やしていたが、当方は珈琲（コーヒー）だけでグッと我慢した。もちろんダイエットのためではない。

「志国土佐」では、午後0時4分の発車直後に予約した5千円也（なり）のランチが運ばれてくる。これを美味（おい）しく食すには、トーストは邪魔になる。サンケイ君にも警告を発しようと

特急「志国土佐」の「クロフネ」側

したが、実にうまそうに食らいついていたので、やめておいた。

もう一度、ダイヤモンドクロスを日に焼き付け、「とさでん」で高知駅に戻ると、ちょうど「志国土佐」が入ってきた。

白い制服に身を包んだアテンダントの丁重な挨拶(あいさつ)を受け、「ソラフネ」に足を踏み入れたが、宇宙船をイメージしたとかで白を基調になかなかポップなつくりだ。あの重厚な

185系らしさは微塵もない。

「クロフネ」の方は、「ソラフネ」と対照的にシックな茶を基調としたソファ席が多く、なかなか攻めている。

聞けば、車両をデザインしたのは、他のJRの観光列車のような高名なデザイナーではなく、JR四国の現役社員なんだそうだ。しかも元は建築士で、車両デザイナーになったのは、入社してかなり経ってから上司に絵の才能を認められて、というから人生わからない。

社員デザイナー氏は大ヒットした「伊予灘ものがたり」も手掛けており、まさに家貧しくして孝子出ず、である。

定刻通り高知駅を出発すると、幕末動乱の主役、土佐藩を象徴する高知城が凛とした姿をみせ、ほどなく六角形の折に山海の珍味が皿鉢風に盛り付けられたランチが運ばれてきた。

見た目も麗しく、インスタ映えを意識しているようだ。

ランチのお供は、土佐産焼酎のハイボールにしよう。

さあ、箸をつけようとしたところで、駅に妙な人影が。

続きは明日のこころだぁ！

「志国土佐」の「ソラフネ」側外観

「志国土佐」の発車合図は銅鑼の音

第四列車 10

乗っただけで「お接待」される

妙な人影を見たのは、高知駅から5つ目の朝倉駅だった。

朝倉駅は、ログハウス風の駅舎で運転停車するだけの途中駅なのだが、和服姿で狐のお面をかぶったおじさん（？）が、ホームからお客さん一人一人に桜の造花を振っている。

そういえば、出発した高知駅でも駅員や駅の高架下にある観光案内所の職員だけでなく、次の列車を待つ乗客の皆さんまでごく自然に手を振っていた。

駅だけではない。朝倉駅を過ぎたあたりから、歩いている人は、ほぼ100%こちらに手を振ってくれる。家の窓を大きく開け、手を振るお年寄りも結構いる。伊野駅を過ぎ、列車が仁淀川（によど）に差し掛かると、土手には、わざわざ家族で車を仕立ててやってきたのだろう。子供から大人まで、手作りのこいのぼりやアンパンマンのうちわを手もちぎれんばかりに打ち振って迎えてくれた。

ちなみにアンパンマンは、原作者のやなせたかしが、高知県で育った縁で、ＪＲ四国が「アンパンマン列車」を走らせているほど、「高知愛」が強い。

朝倉駅で出迎えてくれたのは…

　鉄道愛好家になって半世紀以上。子供のころも列車に手を振った記憶はまったくないが、振っておけばよかった。そうすれば、もっと他人の心がわかる大人になっていただろうに。半世紀分の思いを込め、ランチそっちのけで手を振り返す。

「どうも皇族にでもなった気分がするね」

「はぁ」

　相変わらずサンケイ君は要領を得ないが、写真を撮るのに忙しく、やむを得ない。

「志国土佐　時代(トキ)の夜明けのものがたり」は年に数回走るイベント列車ではない。週末を基本に春・夏休みには増発され、金曜から日曜まで週3往復しているが、沿線が盛り上がっているのは、特別な日だからなのか。いや、ただの日曜だ。

アテンダントさんに、「毎回こんな感じなの」と尋ねると、「そうなんです」と大きく肯き、住民の皆さんに「手を振ってくれ」と頼み込んでいるわけでもない、と言う。

そもそもは、9年前、予讃線に観光列車「伊予灘ものがたり」が登場したとき、自然発生的に「お手振り」現象が起き、乗客を楽しませるため横断幕を掲げ、仮装する人がどんどん増えたんだとか。

そうか。これは「お接待」と同じなのかもしれない。

四国では、八十八カ所巡りをするお遍路さんたちに、お茶やお菓子、ミカンなどを施す「お接待」文化が根付いている。弘法大師・空海と「同行二人」の旅を続けるお遍路さんを励まし、「お接待」するのは、空海にお供え物をするのと同義で、ごく自然なふるまいなのである。四国では観光列車にただ乗っているだけで、人々から功徳を施されているのである。これほど素晴らしい「お接待」をかつて受けたことがない。会社の経費で飲み食いするのを、「接待」と勘違いしていた我が身を大いに恥じた。

恥じているうちに列車は、NHK朝ドラ「らんまん」のモデルである牧野富太郎博士の故郷、佐川に近付いてきた。

「志国土佐」に手を振る沿線の人々

その爛漫（らんまん）さは、また明日のこころだぁ！

「志国土佐」の内装

太平洋望む安和駅に逸品あり

空腹を忘れ、沿道の皆さんに手を振り返しているうちに、ランチに手を付けるのが、すっかり遅くなってしまった。

「立志の抄〜皿鉢(さわち)風」と銘打たれた創作料理は、国産牛のローストと桜鯛(さくらだい)のカルパッチョをダブル主役に、タケノコの土佐煮や新じゃがの照り煮などが脇役を務め、目にも鮮やかだ。

土佐焼酎ハイボールとの相性もいい。いいのだが、手を振るのに忙しく、なかなか2杯目を注文にカウンターへいけない。

ランチは5千円で予約制だが、軽食と飲み物だけでよければ、運賃と特急グリーン券で「志国土佐」に乗れる。

列車はゆっくりと佐川駅に入線した。かの坂本龍馬も脱藩した際、佐川から山道に分け入っている。ちなみに佐川は、飛脚のマークの運送屋さんや歌手の佐川満男(さがわみつお)と違って「さかわ」と読み、濁らない。

「志国土佐　時代の夜明けのものがたり」と車窓に広がる太平洋

土佐の食材を使用した創作料理に舌鼓。皿鉢風の盛り付けだ

牧野富太郎ゆかりのこの駅で途中下車し、博士の生家跡や幼いころ通った名教館でも見物したいところだが、残念ながら通過扱いである。降りられたとしても行ったかどうか怪しいが。佐川とその近辺は、サクラ並木がやたらと多い。それもそのはず。佐川を出てから18年後の明治35年、博士はソメイヨシノの苗木を故郷に送り、それを地元の人々が土手などに植えたという。博士の名前を冠した「牧野公園」は、日本のさくら名所100選になっている。

「佐川町は、『まちまるごと植物園』をキャッチフレーズに、花壇が町中にあるだけでなく、希少植物の保護活動を町ぐるみでやっているんですよ」

サンケイ君が、したり顔で新聞記者っぽい解説をする。

生家の造り酒屋をつぶし、多額の借金を抱えても大好きな植物研究に没頭、東京帝大という権威と軋轢を繰り返しながら初志を貫徹した牧野富太郎という人物を生んだ明治という時代と、佐川の土地柄が羨ましい。

須崎駅を出発すると、窓一杯に太平洋が広がり、安和駅に着いた。駅のすぐそばが浜辺だ。龍馬になった気分で、傘もささずにホームに降り立ったが、雨粒が頬を叩く。雨男のサンケイ君の神通力とあってなすすべがない。慌てて駅舎に向かうと、地元の人が小さな

旅館の屋上から、四万十川を渡る土佐くろしお鉄道をとらえたサンケイ君渾身の一枚

売店を出していた。何の気なしに見ていると「日本蜂蜜」のラベルを貼った500円也の小瓶が目に入った。聞けば、今では希少となったニホンミツバチが集めた蜂蜜だけを詰めたものだそうで、家に帰って試してみるとうまかった。ケチらずに2500円也の大瓶を買っておけばよかった。

午後2時40分、終着の窪川に着いた。予土線に乗り換えたいのだが、次の列車は3時間後。途中で日が暮れそうだ。

というわけで、今宵（こよい）の宿を求め、土佐くろしお鉄道に乗り換えて中村に向かった。実は、中村にどうしても訪ねたい宿があるのだ。その顚末（てんまつ）は、明日のこころだぁ！

第四列車

12

四半世紀ぶりに訪ねた旅の宿

『偶然にも2週間ほど前、中村を訪ねた口の悪い知人が「車が行き違えない細い山道をクネクネと登ったところにある何の変哲もない建物」とのたまったホテル中村に着いたのは午後8時をとっくに過ぎていた。』

この駄文は、産経新聞が東京地区でまだ夕刊を発行していた四半世紀前、「イブニングマガジン」の「四万十川特集」で、私が書いたものだ。

「イブニングマガジン」は読者の夕刊離れを食い止めようと企画され、月曜から金曜まで連日4ページを使って学校や旅、食、映画などを雑誌感覚で特集していた。政治記者としてふんぞり返っていた私も上司の命令でいやいやチームに加わったが、やってみるとなかなか面白い。広告集めは最近も社会面を賑わせているD通が担当したが、責任者K氏は希代の詐話師、いやアイデアマンで、世の中はこうやって動かすのかと、ほとほと感心した。

そのK氏から「四万十川に行くならぜひ泊まってくれ」と頼まれたのが、ホテル中村

JR四国と土佐くろしお鉄道が運行する特急「あしずり」（右）

だった。

なんでもホテル（といっても実態は旅館）の若旦那に納まっていたのが、東宝でない映画会社Sに勤めていたトオルという男性で、ちょっと様子を見てきてほしい、というのだ。

K氏は映画業界にも強く、大人の思惑があったのだろうが、こちらは列車に乗れて、うまいモノが食えればそれでいい。

遅めの夕食だったが、自慢の皿鉢（さわち）料理と旦那と同じSに勤めていた若女将（おかみ）・ひとみさん（実はホテル中村は彼女の実家）の笑顔が印象的だった。

あれから毎年、年賀状をもらい、その都度、「今年こそ行きたいです」と同じ返事を続けて幾星霜（いくせいそう）。ついにその時がきた。

「お久しぶりです」

「遠いところをようこそ、おいでくださいました」

何か気の利いた台詞をかけようとしたが、何も出てこない。

ホテルは、「なごみ宿安住庵（0880－35－3184）と改称され、「何の変哲もない」どころか露天風呂も設えられ、面目を一新していた。若旦那の髪もすっかり白くなり、今や大旦那然となった。

25年前、小生と同行した悦司記者に、ひとみさんの写真を見せると「可愛い！　感動した！」と小泉純一郎風に驚いていた。

旅館は、市内を見晴らす為松公園（中村城跡）にあり、露天風呂につかっていると、ハラハラと桜の花びらが降ってきた。

「近くに幸徳秋水の碑があるようですよ」とサンケイ君が散歩に誘うが、どこにも行きたくない。夕餉を待つこのひとときは、何ものにも代えがたい。

四万十川名物のウナギのかば焼きとアユの塩焼きに舌鼓を打った後、仕事が一段落した元・若旦那と地酒を酌み交わす。

水がうまいと酒もうまいのは、全国共通の真理だ。

聞けば、前回の訪問後に生まれた3人の娘さんはいずれも高校卒業後、進学などで首都圏に住んでいるという。道理で、駅から旅館までの道すがら若い人の姿をほとんど見なかった。

「いずれ四万十川のアユのようにここへ戻ってきますよ。女将のように」

気が利いた台詞をようやくかけられたが、元・若旦那は苦笑いするばかりだった。

中村の夜が更けたところで、驚きの予土線（よど）は、明日のこころだぁ！

窪川駅前で売っていたアユの塩焼き

25年後の若旦那と若女将

四万十川を「ひかり」が走る!?

ＪＲ予土線若井駅のホームでボーっとしている。

正確には土佐くろしお鉄道の若井駅でもあるのだが。窪川以西を第三セクター・土佐くろしお鉄道に移管したとき、予土線と重なっている窪川―若井間をくろしお鉄道に割り振ったためだ。だから予土線は、形の上では若井駅が起点で、実質的な起終点駅である窪川から乗ると、くろしお鉄道の取り分２１０円が一律に加算される塩梅(あんばい)になっている。

ではなぜ、特急も止まらない無人駅でボーっとしているのか。これには深いわけがある。

中村駅を午前9時24分発の特急あしずり6号で出発したわれわれは、若井駅手前の急カーブで知られるループ線を駆け抜けて同10時2分、窪川に着いた。

41分待てば、宇和島行きに乗れるのだが、サンケイ君、何を思ったのか14分発の中村行きに乗って若井まで行こうという。

「わざわざ、予土線の起点に敬意を表さなくてもいいじゃないか」

「駅の近くにある沈下橋を撮りたいんです」

窪川駅に停車中の「ホビートレイン」

「そんなに珍しいかね」

沈下橋とは、欄干がなく、大雨など増水時に川に沈むよう設計された橋で、四万十川名物なのは、確かだ。ただ前回ご紹介したように当方は25年前、四万十川を訪れ、いやというほど沈下橋を見ている。しかし、ここでノーと言えば、A寝台に自分だけ乗った過去もあり、信頼関係が決定的に壊れる。

致し方なくサンケイ君の要請を受け入れ、きっかり30分、若井駅のホームで待つことにした。それにしても長閑だ。

3月下旬の月曜日。菜の花が咲き乱れ、小鳥が囀っている。ホームで列車を待つ人は、われわれ同様、東京からやってきた中年男性ただ一人。

聞けば、サイクリングをしに四国へやってきたが、予土線にも乗りたくなって、自転車を解体して大きなバッグに詰め、宇和島まで行くという。

「いい旅ですねえ」

旅をすると、どうして見ず知らずの人と自然な会話ができるのだろう。山手線や地下鉄丸ノ内線ではとてもできないが。

大汗をかいてサンケイ君が戻ってきた。良い写真が撮れたので、ぜひ紙面で使ってくれ、という。ごり押しに負けて使ってみたが、さてどうだろう。

そうこうしているうちに、たった1両の新幹線「ひかり」号がのんびりやってきた。

もちろん、ホンモノではない。キハ32形気動車を改造し、初代新幹線0系をイメージした「ダンゴ鼻」を先頭に取り付けた「鉄道ホビートレイン」で、座席のうち4席は0系の座席を流用している。

客寄せのため9年前に登場したが、あまりの「ゆるさ」ゆえにファンが多いんだとか。車内には、鉄道模型も展示されており、遊び心満載だ。

若井駅を出発したところで、続きは明日のこころだぁ！

予土線の車窓に広がる四万十川と桜並木

予土線の若井駅で約30分の乗り換え時間で撮った桜と沈下橋

至福だった「大正」から「昭和」

予土線には、大正と昭和が隣り合って残っている。

土佐大正駅と土佐昭和駅だ。もともとは、大正の御世になったのを記念し、大正3年に東上山村が改称して大正村（後の大正町）となった。これが大いに話題になり、隣村の西上山村が秘か(ひそ)に対抗心を燃やしていたのだろう。大正天皇が崩御し、昭和に改元された機会をとらえ、昭和3年に昭和村（後の十和(とおわ)村）と改称したのである。

平成の大合併で、大正町も十和村もひねりのない名前の四万十町（隣が四万十市なのでややこしい）に統合されてしまったが、駅名の方は今も残っている。ことに大正駅は、山小屋風の駅舎でなかなかよろしい。

そんな大正駅に午前11時10分に着いた。ここで上り列車と行き違うため20分以上停車する。列車内にトイレがないためホームの便所に駆け込む。驚いたことに、便器の中を茶色のオガ屑(くず)が自動的にぐるぐるまわっている。一瞬、ぎょっとしたが、臭わない。

排泄(はいせつ)物を好気性微生物の働きで、分解し処理するバイオトイレだそうで、ＳＤＧｓ時代

土佐大正駅の桜と予土線のディーゼルカー

にぴったりである。大正どころか令和の最先端だ。

ここから土佐昭和駅までが、予土線の白眉である。

乗車した3月某日は、四万十川の土手に植えられたソメイヨシノの並木が満開なだけでなく、華麗な山桜も妍（けん）を競ってい

た。絵にもかけない美しさとは、このことか。

この絶景を百閒先生ならどう表現しただろう。ああでもない、こうでもないと思いを巡らせてみたが、「下手の考え休むに似たり」という亡母の口癖を思い出した。

ここはつまらぬことは一切考えず、牧野富太郎博士ゆかりの司牡丹(つかさぼたん)をちびちびやりながら、車窓を眺めるに限る。

突如として写真に目覚めたサンケイ君が、きっといい絵を撮ってくれているはずだし。予土線お勧めですよ。これからの季節、風に吹かれてトロッコ列車に乗るのも一興だ。

これほど素晴らしい路線なのに、ご多分に漏れず乗客は減っている。高知や松山からの乗り継ぎも極めて不便だ。

ここは一番、「志国土佐」のような豪華観光列車を投入すべきだろう。外国人観光客も喜んで乗ってくれるはずだ。

土佐昭和から2つ目が「はげ(半家)」駅だ。平家の落人が、源氏の探索を逃れるため「平家」の「平」を崩して「半」にしたとの説もあるそうだが、難読駅には違いない。サンケイ君が「駅名板の写真を撮っておきましょうか」と聞いてくるので「別にいいんじゃないか」と断った。ただでさえ敵が多いのに、せめて禿頭家は味方につけておきたい。

西ケ方駅を過ぎ、土佐の国に別れを告げるとあと1時間で終着の宇和島だ。

四国らんまん編も伊予の国に入って、いよいよラストスパートに入った。続きは休刊日をはさんで明後日のこころだぁ！

予土線の江川崎－岩井間は山をまっすぐ貫くトンネルが続く高規格路線

平家落人伝説の半家（はげ）駅

再びのダイヤモンドクロス

賢明な読者の皆さまには、先刻ご承知のことだろうが、「令和阿房列車」の旅は、事前に予約した列車以外は、行き当たりばったりなのである。

宇和島に午後1時29分に着いたが、猛烈に腹が減った。

30分後に出発する松山行きの特急「宇和海18号」に乗ってもよかったのだが、駅の隅々を見渡しても駅弁らしきものを売っている気配はない。もちろん、立ち食いうどん屋もない。

宇和島は、島津斉彬(なりあきら)とともに「幕末の四賢侯」の一人に数えられた伊達宗城(むねなり)ゆかりの地。歴史ある城下町には、きっとうまい飯屋もあるだろう、と何のあてもなく改札を出て歩き出したが、やはり人通りは少ない。どうなることやらと心配したが、ほどなく郷土料理の鯛めしを売りにしている「かどや駅前本店」が開いていた。ありがたい。

さっそく鯛めしとこれまた郷土料理のさつま飯(伊予なのに薩摩とはこれいかに)のセットを注文した。宇和島の鯛めしは、生卵の入った甘いタレに鯛の刺し身を絡め、あつ

韋駄天特急の「宇和海」

あつのごはんにのせて食べる。まずかろうはずがない。さつま飯のいわれも店員さんに聞いたが、味とともにさっぱり覚えていない。

伊予鉄 路線図

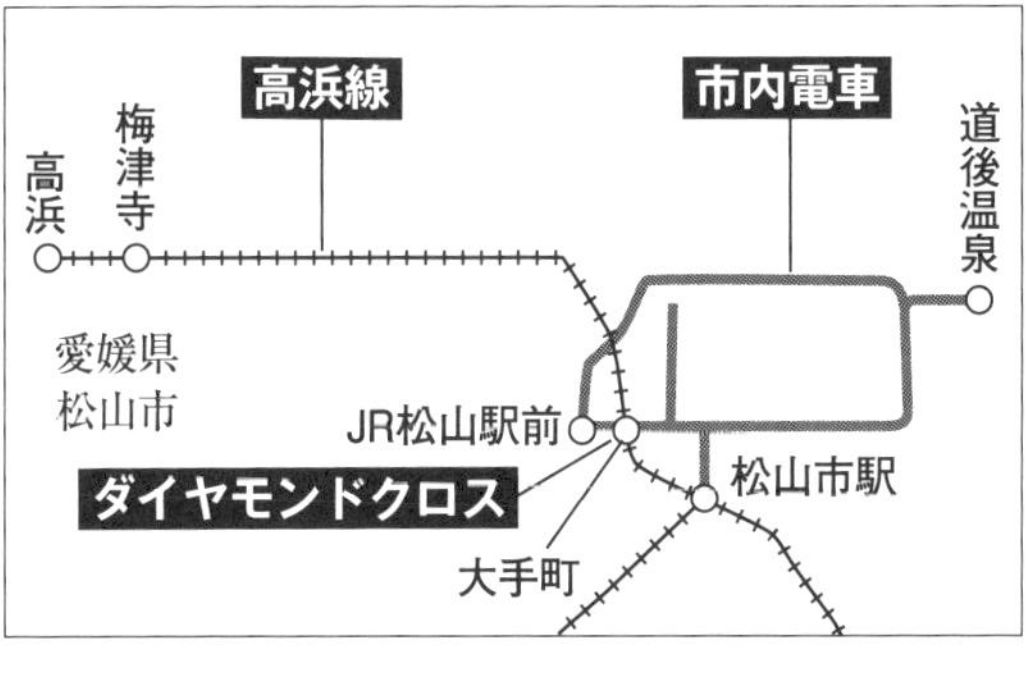

腹も膨らみ、いささか眠くなったところで、さあ、これからどうしよう。

本日は月曜なので、JR四国の名物列車「伊予灘ものがたり」は運行していない。

海に近い駅として有名な予讃線の下灘駅に普通列車で行こうか、とサンケイ君に言うと、「海に近い駅がいいなら、伊予鉄道の梅津寺という駅がいいですよ」と観光案内所の職員のような口調で提案してきた。

サンケイ君が、JRよりも私鉄（JRも私鉄といえば私鉄なのだが）の方をより好んでいる事実を忘れていた。

どうしても下灘駅に降り立ちたい、というわけでもない。下灘の感激は、「伊予灘ものがたり」に乗るまでとっておこう。衆議一決し、午後2時56分発の特急宇和海20号で一路、梅津寺駅をめざすことにした。

松山までの約100キロを約1時間20分で結ぶ。四国も近年、高速道路が縦横に整備され、特急列車は守勢に回っているが、グリーン車抜きの宇和海は、実にけなげに懸命に走っている。

あっという間に松山に着いたが、驚いたことに駅周辺の高架化が急ピッチで進んでいた。駅ビルも建設中だが、伊予鉄道の路面電車への乗り換えは、便利になるだろうか。今

松山のダイヤモンドクロスも一見の価値あり

は、わざわざいったん地下道に潜って階段を上らされるから不便この上ない。と、ブツブツ言っていたら、電車が大手町駅（東京の大手町駅と同じ名前）に近づくと、「もうすぐダイヤモンドクロスですよ！」とサンケイ君が、高揚している。

そうか。「海に近い駅」は釣りであって、実際はここが真の目的だったのか。

高知のはりまや橋は、路面電車同士の交差だが、伊予鉄道の大手町は、全国で唯一、鉄道線と路面電車の軌道が直角に交わる場だったのである。

まあ、心ゆくまで撮ってくれ。四国らんまん編最終回、梅津寺駅の感動ドラマは、明日のこころだぁ！

伊予鉄はドラマに溢れていた

松山・大手町のダイヤモンドクロスをひとしきり撮り終えたサンケイ君と、伊予鉄道高浜線のホームに立っている。

ほどなく高浜行き電車が入ってきたが、あれ、懐かしい。京王井の頭線を走っていた3000系電車ではないか。全身鮮やかなオレンジ色に彩られている。「オレンジ色の憎い奴(やつ)」なら夕刊フジだが、伊予鉄の車両は、路面電車を含めほぼすべてオレンジ色である。

ミカン県・愛媛を意識した企業戦略なのだろう。8年前から車両をオレンジ一色にし始めたそうだが、サンケイ君は「昔の塗色の方が良かった」と少々、ご不満のようである。当方はそれほど思い入れがないので黙っていたが、第二の人生を派手に着飾り、走り続けるのもいいじゃないか。

電車は3両編成で、心地よいレールの響きで居眠りしていると、ここが松山なのを忘れてしまう。まずは終点の高浜駅まで乗車したが、駅舎自体が古色蒼然(そうぜん)としており、実に面

映画「真夏の方程式」のロケ地となった高浜駅

白い。

伊予鉄のホームページによると、日露戦争真っ盛りの明治38年1月に竣工したというから、築100年をはるかに超えている（昭和初期に建て替えられたとの説もある）。

木造平屋建てながら天井は洋風の設えで、10年前に封切られた福山雅治主演の映画「真夏の方程式」（フジテレビなど製作）のロケ地となり、「玻璃ケ浦駅」として重要なシーンの舞台となっている。

さあ、日も西に傾いてきた。当方には頭を悩ませて解くほどのミステリーもないので、1駅戻ってお目当ての梅津寺駅に行こう。確かに海が近い。

ここは、バブル時代に大ヒットしたトレン

ディードラマ「東京ラブストーリー」の聖地なのである。「両駅ともフジテレビゆかりの駅ですね」と、サンケイ君が身も蓋もないことをつぶやいたが、「君がこようと言い出したんじゃないか」とは、言い返さなかった。

実は、「東京ラブストーリー」をリアルタイムでは一度も見ていない。ドラマが放映された平成3年初頭はバブル真っ盛り。月曜夜9時は、「夜回り」と称して政治家や官僚を取材中（あるいは飲食中）で、その時間帯に帰ってテレビを見ている記者は誰もいなかった。だから、主人公のカンチ（織田裕二）が愛媛県出身で、梅津寺駅でリカ（鈴木保奈美）が、「バイバイ　カンチ」と書いたハンカチをフェンスに結び付けたのもまったく知らなかった。ちゃんと見ていれば、華やかな青春時代を満喫できただろうに。

驚いたことに、今でもホームのフェンスには新しい十数本のハンカチが結ばれていた。

「しかし、結局2人は別れたんだろ。こんなの結んだら別れるしかないじゃないか」

「それはそれでいいんです」

サンケイ君は強弁したが、何がいいのかさっぱり分からない。日もとっぷりと暮れ、われわれも東京に帰る電車の時間が近づいてきた。

明日は新緑あふれる越後路のこころだぁ！

梅津寺駅は「東京ラブストーリー」のロケ地としても知られる

高浜駅から高浜港を望む

第五列車　信越ほろよい編

シン・令和阿房列車で行こう

■ JR上越新幹線、北陸新幹線（大宮 —— 上越妙高）
■ えちごトキめき鉄道妙高はねうまライン（上越妙高 —— 直江津）
■ JR信越本線（直江津 —— 長岡）
■ 上越線（宮内 —— 越後川口）
■ 飯山線（越後川口 —— 豊野）
■ しなの鉄道北しなの線（豊野 —— 長野）
■ 長野電鉄長野線（長野 —— 信州中野 —— 須坂）

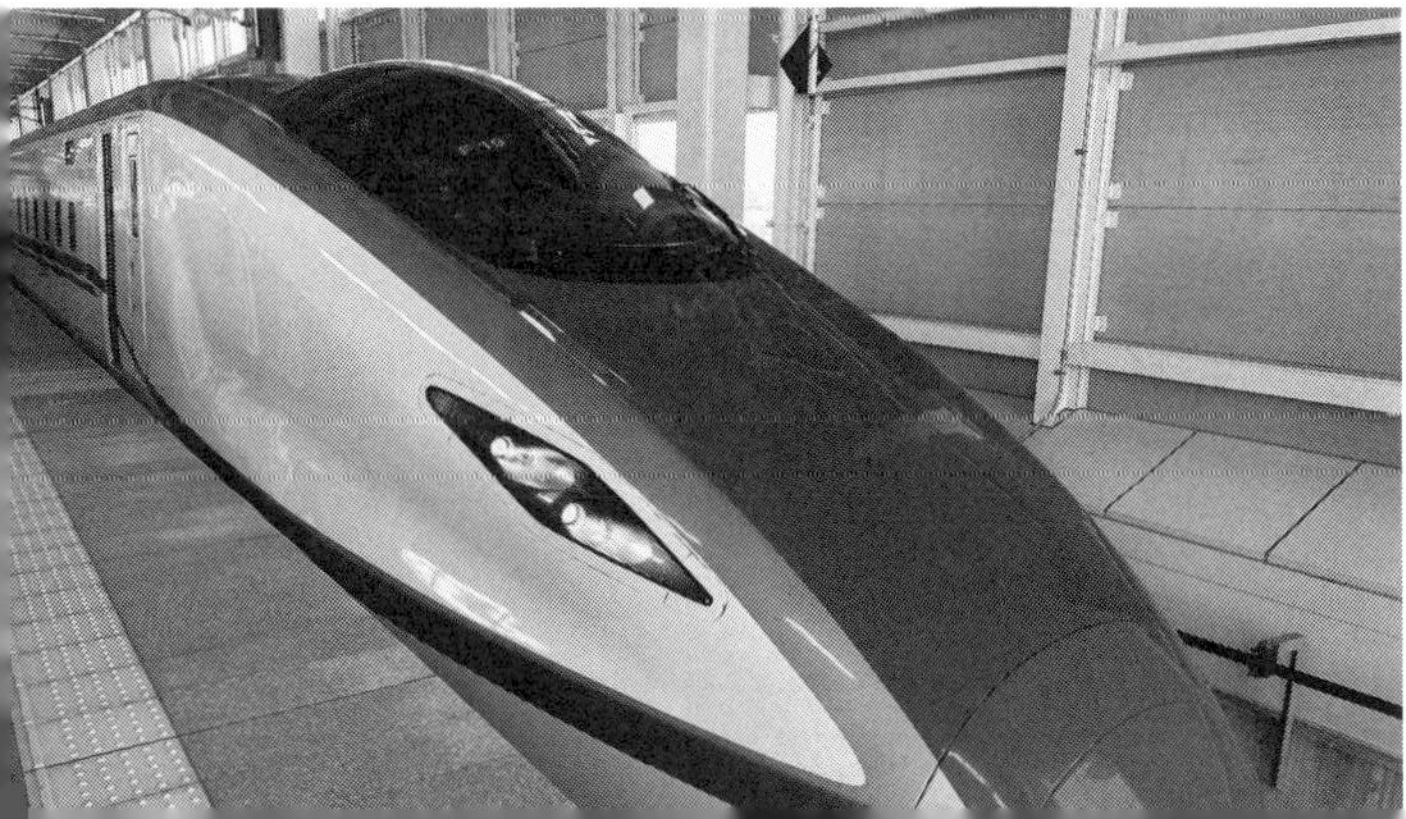

第五列車

1

8カ月後のグランクラスは…

正月三が日と5月の大型連休は、世の中の動きがピタリと止まる。少なくとも日本では。政治・経済関係のニュースが極端に少なくなり、テレビのニュース番組やワイドショーは、昔も今も駅や空港の混雑、車の渋滞といった「民族移動」モノで時間を埋めている。

こんな時期に、家族や仲間の運転手役として車を動かさざるを得ないドライバーの皆さんは、「聖者」の列に加わってしかるべきだと思う。何しろ助手席や後部座席の「乗客」は、勝手気ままに居眠りし、渋滞に巻き込まれると「抜け道はないの?」と文句を言い、運転手抜きで酒盛りを始める。こうした妨害や悪魔の誘いに耐え、目的地まで人々を安全に送り届けるだけでなく、帰りも同じかそれ以上の難行苦行をくぐり抜けねばならない。それを何年も。

小生はとてもそんな修行に耐えられないので、マイカーを持たない。大型連休中は宿代もべらぼうに上がるので、なるべく家でジッとしていたいのだが、7日まで無為に過ごし

上越妙高駅に到着した北陸新幹線「はくたか」

ていては、「シン・令和阿房列車」を運休にせねばならない。

というわけで、連休真っ只中、あまり混んでいないはずの越後と北信濃を巡ることにした。

5月某日、大宮からはくたか553号のグランクラスに乗り込んだ。

気軽に「グランクラス」と書いたが、今回は上越妙高までの乗車。経費削減を率先垂範して実践している小生は、指定席を所望したが、なんとグリーン席とも満席である。自由席は、連休中ゆえ途中駅の大宮から座るのは絶望的だ。ただ1席、グランクラスが空いていた。立ったまま1時間半以上も過ごしては、取材に差し支える。グランクラス料金は7340円。一瞬、三角編集局長の顔が目に浮かんだが、取材ファーストである。やむを得ない。

グランクラスは、前シリーズで新函館北斗まで乗車して以来、8カ月ぶりである。男子三日会わざれば、刮目(かつもく)して見よ。

昔むかし、三国志の時代。呉に呂蒙(りょもう)という勇猛果敢な武将がいた。泣きどころは、貧しく育ったため学問の素養がなく、世間から馬鹿(ばか)にされていた。みかねた呉王孫権(そんけん)が、学問書を読むよう勧めると一念発起し、見違えるような教養人になったという故事からできたことわざだが、8カ月ぶりのグランクラスは、刮目して見られなかった。

コロナ禍による乗客激減の影響もあって北陸新幹線のグランクラスは、昨年10月からアテンダントが乗車し、飲食を提供するAクラスが「かがやき」だけになり、「はくたか」はBクラスに格下げとなった。

料金は、上越妙高までだと2000円ほど安くなったが、AクラスとBクラスでは、天と地ほどの差がある。

Bでは、値段を気にせず、ビールでも日本酒でもワインでも心ゆくまで呑(の)めないのもさることながら、アテンダントが乗っていないのが、痛い。乗降時に恭(うやうや)しく一礼されるだけでも乗った甲斐があるというもの。

実際、大宮で乗ったとき席を間違えて座っていたご婦人がおられた。アテンダントがいたらそんなミスもなかったろうに。

コロナ禍も一段落し、外国人観光客も戻ってきたのだからAクラスを増やしてはどうか。

とぶつぶつ独り言をつぶやいていたら上越妙高だ。越後ほろ酔い列車のあれこれは、明日のこころだぁ！

北陸新幹線からは北アルプスや
立山連邦の雪渓を望める

はくたかのグランクラスの車内

キハ40系はサラリーマンの鑑だ

「越乃Ｓｈｕ＊Ｋｕｒａ」は酒呑みのためにあるような列車である。名は体を表す。「Ｓｈｕ」は酒、「Ｋｕｒａ」は酒蔵の蔵を示しているが、日本広しといえども、列車名に＊（アスタリスク）がついているのは、この列車と仲間たち以外にない。アスタリスクとは、一般的に脚注があることを示す記号なのだが、「越乃Ｓｈｕ＊Ｋｕｒａ」の場合は、新潟ゆかりの米、雪、花を表しているんだとか。

何しろ、酒どころで知られる新潟の名だたる酒蔵が協力し、さまざまな日本酒が、列車に乗りながら楽しめるというのだから、左党にはたまらない。

北陸新幹線・上越妙高駅の新幹線改札口でサンケイ君と落ち合う。グランクラスに乗ってきたのは、薄々わかっているだろうから黙っていた。それに乗り継ぎ時間があまりない。えちごトキめき鉄道へ急ごう。

「越乃Ｓｈｕ＊Ｋｕｒａ」はＪＲ東日本が走らせているが、上越妙高から直江津までは、えちごトキめき鉄道を通る。この鉄道は、国鉄時代の急行形電車を「夜行」運転させる

地酒王国・新潟が誇る「酒」をコンセプトとした列車「越乃Shu＊Kura」

などユニークな取り組みをしている。ぜひ、じっくり取材したいが、後の楽しみにとっておこう。

列車は3両編成で、国鉄時代に製造されたキハ40系気動車を改造したものだった。

車体は、雪をイメージした白と「藍下黒（あいしたぐろ）」と呼ばれる濃い青色に塗り分けられ、なかなか渋い。1号車は海側に面した2人掛けの「展望ペアシート」、パーティションで仕切られた「くつろぎペアシート」、それに4人掛けのボックスシートに分かれているが、キハ40系よりも窓がバカでかくなっている。

「キハ40系は、丈夫でしかも改造しやすいんですねぇ」

車内に一歩踏み入れるや、サンケイ君は、

いたく感心している。確かに国鉄時代に製造された車両は、武骨だが、頑丈にしっかりとつくられ、改造もしやすい。キハ40系も初登場から半世紀近くたったが、国鉄民営化をはじめ鉄道を取り巻く環境の激変にも耐え、廃車の危機を乗り越えてリゾートトレインとして再生している。まるで昭和のサラリーマンである。

われわれもかくありたいが、環境の激変にはほとほと弱い。それよりもウエルカムドリンクを早く飲みたい。

午前10時2分、定刻通り発車するとほどなく、アテンダントさんが、「発泡純米清酒柏露花火(はくろはなび)」をつぎにきた。

さわやかな飲み口で、初夏にふさわしい。何よりも朝っぱらから大手を振って酒が飲めるのは、有難(ありがた)すぎる。

さっそくサンケイ君が、くだらないことで絡み始める。

「ボクは、上越新幹線という呼称が納得できないんです」

「どうして」

「だって上越市を通らないのに上越新幹線はないでしょう。新幹線が通っているのは、中越と下越じゃないですか」

「上越新幹線の上は、上州の上だろ。何の不思議もない」

「なら、北陸新幹線のように、終点を尊重して越後新幹線の方がわかりやすい。第一、田中角栄なくしてあの新幹線は考えられませんからね」

朝酒は、酔いが回るのが早い。窓の外は、一面の緑、緑、緑。2人の酔っ払いを乗せた列車は、一路日本海へ。

そのあれこれは、明日のこころだぁ！

【ついでに一言】キハ40系について
キハ40系は汎用性の高さで重宝された一般形のディーゼルカーです。昭和52年から888両も製造され、全国各地の路線で活躍しました。エンジンが非力なのが難点でしたが、出力を増強して克服した車両もあります。耐久性にも優れています。原形をとどめないほどの〝整形〟を施し、観光列車に生まれ変わった車両も少なくありません。ただ、老朽化が進み廃車される車両も増えています。完全引退の日も遠くないと思われます（S）。

青海川駅で「思い出酒」に浸る

直江津を発車してほどなく、2人の酔っ払いを乗せた「越乃Shu*Kura」は、日本海の浜辺近くを走る。

森昌子の「哀しみ本線日本海」は、演歌の名曲だが、本日は雨男・サンケイ君の神通力が、酔っ払って弱まったせいか快晴だ。ちっとも哀しくない。

青い海を肴に続いての一杯は、王道中の王道、「純米大吟醸　八海山」である。

本当の肴もなかなか凝っていた。「エチゴ・ブレークファスト」（越後朝食・要予約）と銘打って供されたのは、「春野菜ののっぺい」など郷土色豊かなおつまみが4品と水ようかん。どれも越後の酒によくあう。ちなみに、ソフトドリンクコースもあり、未成年者も下戸の皆さんも安心して乗ることができる。この日は、大型連休中でもあり、子供たちも結構、乗っていた。次々と日本酒が出てくるといっても教育上、よろしくない会話は控えねばならぬ。そのくらいの分別は、2人にはあった。あったはずだが、さてどうだったか。

そうこうしているうちに、駅のすぐそばが海の「青海川」に着いた。ここで6分停車で

昼間から地酒を飲みながら汽車旅を楽しめる「越乃Shu*Kura」

ある。観光列車の良いところは、運転本数が少なく、通常はなかなか降り立つことのできない駅に、写真を撮れるだけの時間止まってくれることである。

当然の如く、サンケイ君をはじめ愛好家の皆さんは我先にどっとホームに降りていった。

「春野菜ののっぺい、菜の花のミモザ風塩だれ和え、にしんめし、春キャベツのふき味噌メンチ、桜香る水ようかん」

かつて大阪から札幌までをほぼ丸1日かけて結んでいた豪華寝台特急「トワイライトエクスプレス」の札幌行きは、ちょうど青海川辺りで、美しい夕日が日本海に没する様子を車内から眺められた。私は2度乗ったが、いずれも札幌発大阪行きで、悔いを千載に残している。返す返すも青函トンネルを寝台列車が走れなくなったのは、大いなる失策である。北斗星やトワイライトエクスプレスが、いかに多くの愛好家を育て、JR各社の収益に貢献してきたか。この先、新幹線が札幌まで延伸されても新函館北斗と札幌間の大部分がトンネルなだけに、愛好家が劇的に増えるとはとても考えられない。

「思い出酒」に浸って、だいぶ酔いがまわってきた。

締めの一杯は、「越乃Shu*Kuraオリジナル大吟醸酒」の小瓶である。旨かったのだが、どれほど旨かったかは覚えていない。ちなみに2号車は、洒落たカウンターバーが設えられており、糸魚川や佐渡など新潟各地の酒を安価で利き酒ができる。

青海川から信越線を走ってきた列車は、長岡に着くとスイッチバックの要領で、もときた宮内の方向に動き出した。宮内から上越線に入り、越後川口からは飯山線と、2時間半の旅でえちごトキめき鉄道を含め4線乗ったことになる。

さて、十日町からは快速「おいこっと」に乗ろう。謎の「おいこっと」は、明日のこころだぁ！

【ついでに一言】大いなる失策

上野発の夜行列車。夜気で曇った窓を手でぬぐうと、そこは一面の銀世界でした。あの感動は今も忘れられません。北海道はもともと航空機が圧倒的なシェアを占めていましたが、北海道新幹線の開業で北の大地へと向かう寝台特急は廃止されました。豪華なクルーズトレイン「TRAIN SUITE 四季島」は今も、青函トンネルを通過していますが、これは富裕層だけの特権で例外です。新幹線は確かに快適で、世界に誇る乗り物ですが、移動手段としては少し味気ないところもあります。列車に揺られ、月明かりに照らされる車窓をのんびりと眺める。夜行列車は、旅人を非日常へといざなってきました。寝台特急がなくなり、何か大切な時間まで失ってしまったようにも感じます。いつか「あれは失策だった」と言われる日も来るかもしれません（S）。

「おいこっと」と東京の関係は

十日町は懐旧の地である。といっても訪ねたのは、今回が37年ぶり2度目である。昭和61年から新潟支局で記者生活をおっかなびっくり始めたが、当時は春か秋の休刊日を利用して「全舷（ぜんげん）」が、全国の新聞社で普通に行われていた。

全舷とは、船員の半数が休暇をとって寄港地に上陸し、半数が艦に残ることを旧海軍が「半舷」と呼んだのに倣って、休刊日の前日に泊まりがけで支局全員が慰安旅行に出かけるのを「全舷」と称した。

余談だが、新聞社には、軍隊用語が色濃く残っている。特定の持ち場を持たない記者を「遊軍」といい、ヒラ記者を「兵隊」、同じ兵隊でも「一番機」「二番機」と序列をつけている。反戦平和を売りにしているあの新聞社も同様である。

人生初の全舷で訪ねたのが、十日町市郊外にある清津峡（きよつきょう）だ。新潟県民以外にはあまり知られていないが、インスタ映えする絶景で、紅葉の時期は特にいい。帰りに市内の蕎麦（そば）屋で、つなぎに布海苔（ふのり）を使ったご当地名物のへぎそばを堪能したのを鮮明に覚えている。

戸狩野沢温泉駅に停車中の快速「おいこっと」

もうひとつ鮮明に覚えているのは、この地には、ナベさんという長老記者がおり、彼が町を歩くと、誰もが声をかけてきたことだ。記者たるものかくありたい、とは思ったが、思っただけで37年が過ぎた。

全舷も平成に入ると、働き方改革や「休みの日まで職場の人間と一緒にいたくない」という記者が増えたこともあって急速に姿を消していった。今では「絶滅危惧種」となり、全舷名物だった「兵隊」同士の取っ組み合いの喧嘩(けんか)も絶滅したが（新潟支局にはそんな猛者はいなかったが）、新聞に活気があふれていた時代だったのは確かだ。

お世話になった田中角栄の物まねが絶品だったS支局長も鬼籍に入られた。取材に急ぐ途中、雪道でスリップし、頑丈な社有車のパジェロを大破させたときも「身体は大丈夫か」と真っ先に聞いてくれた。私が支局長だったら「何やってんだ！」と怒鳴っていただろうに。

「改札が始まりましたよ」

サンケイ君の一言で、我に返った。「越乃Ｓｈｕ＊Ｋｕｒａ」で呑んだ地酒が、はるか昔を思い起こさせたのだろう。懐旧の地をぶらぶらしたいのはやまやまだが、時間がない。

『「おいこっと」という列車名の由来は、十日町か北信濃の方言だと思うでしょ？」

サンケイ君が、鼻を膨らませちょっぴり得意げに聞いてくる。そういう風に尋ねるということは、方言でないのは確かだが、調子をあわせて「そうじゃないのか！」と驚いてみせた。日本人が思い描く田舎、つまり東京の真逆にあるという意味を込めて「ＴＯＫＹＯ」の英語表記をさかさまにして「ＯＹＫＯＴ」にし、「おいこっと」と平仮名で表現したんだとか。ちょっと凝り過ぎである。個人の趣味だが、やはり列車名はシンプルな方がいい。

「おいこっと」は、北陸新幹線が金沢まで開通した8年前に登場したが、少々影が薄いのもそのせいかも。かつて飯山線を走っていた急行「野沢」に敬意を表して「のざわ」にした方が、よかったのではないか。

そろそろ快速「おいこっと」の発車時刻が迫ってきた。新緑薫る飯山線の旅は、明日のこころだぁ！

【ついでに一言】「おいこっと」を「野沢」に

ＪＲ飯山線の森宮野原駅では昭和20年2月、7メートル85センチの積雪が観測されました。これほどの豪雪路線を走っていたのが急行野沢で、昭和61年に廃止されました。長野―十日町間を往復する「おいこっと」は優等列車ではなく臨時快速ですが、急行野沢の流れを汲む列車ともいえます。車両も北上線の特急「秋田リレー号」用に登場したキハ１１０形３００番台の改造車両。ローマ字のＴＯＫＹＯを逆読みした名称はちょっと分かりづらいので、ここは伝統の名を復活させ、「野沢」に改称してみてはいかがでしょう（Ｓ）。

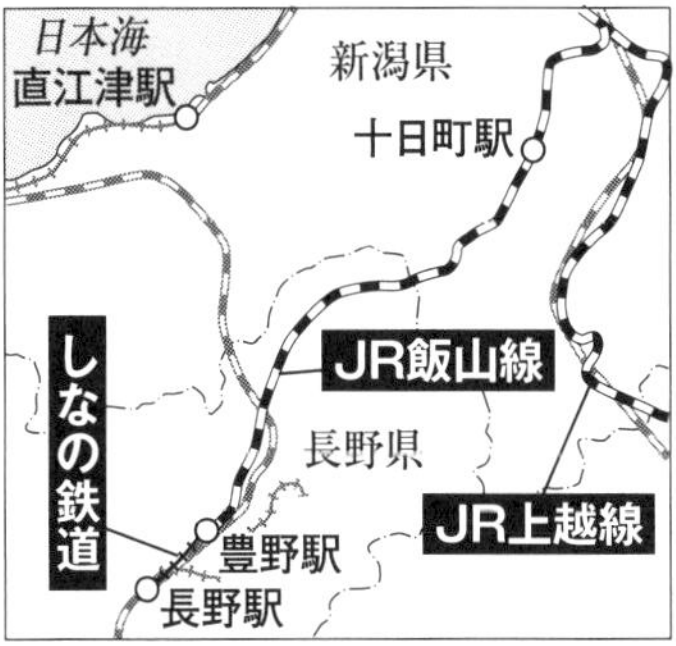

ボーっと乗るのもいいもんだ

快速「おいこっと」は、運賃と指定料金530円で乗車できる。なんでも値上がりのいまどき貴重な存在である。

「彼は数奇な運命をたどっているんですよ」

例によってサンケイ君が、「おいこっと」に供用されているキハ110系（元300番台）の車体をなでながら、愛好家以外にはどうでもいい蘊蓄（うんちく）を垂れようとしている。いつから気動車が男になったかは不明だが、フランス語やドイツ語では、電車は男性名詞だそうだから彼のままにしておこう。

もともとこの車両は、秋田新幹線が開業する直前、東北新幹線の北上駅と秋田駅とを結んだ特急「秋田リレー」号に使われていた。その名の通り、田沢湖線が新幹線工事のため平成8年3月から長期運休したため、代替ルートである北上線をたった1年間走った「幻の特急」だ。北上線は、単線非電化路線であるにもかかわらず、最速4時間半で秋田と東京を結び、座席もリクライニングシートだった。

「おいこっと」の車内 車窓いっぱいに懐かしい風景が広がる

　特急用車両としては1年で用なしとなったため、もったいないことにリクライニングシートは取り外され、普通のローカル列車用に改造された。
だが、8年前、北陸新幹線金沢開業の年、「おいこっと」がデビューすることになり、2両が再び改造されたんだとか。
　内装は、古民家をコンセプトにしたそうで、落ちついた雰囲気だ。午後1時5分、定刻通り十日町を発車すると、突然、「まんが日本昔ばなし」でおなじみの俳優・常田富士男さんの声で車内放送が始まった。常田さんは先年亡くなっており、霊界からの通信か、はたまたAIがつくった合成音かとぎょっとしたが、聞けば生前のものだそうでほっとした。

車内には「おいこっと　あてんだんと」と称するもんぺ姿のちょっと前まで娘さんだったアテンダントが乗り込んでおり、さっそく北信濃の地酒「水尾」を買い求める。

雪解けの水を集めて滔々と流れる信濃川と新緑まぶしい山々を眺めていると、原稿の締め切りなんてどうでもよくなってくる。買ったばかりの「水尾」も辛口ですいすいいける。朝も昼も日本酒三昧とは、まさに桃源郷である。信濃川は、新潟・長野県境で千曲川に名前を変えるが、名が変わると風景も微妙に違うようにみえるから面白い。

午後2時39分飯山着。ここで結構長く停まる。残念ながら乗車した5月某日は、新型コロナウイルス感染対策のため、37分間の停車時間を利用したイベントや木島平米を使ったおにぎりや地酒のふるまいもなかったが、なくても十分楽しめる。というより、何も考えずにボーっと乗っているのが何よりだ。

午後4時2分、長野駅に着いた。まだ日も高い。駅前の居酒屋で一杯やるには時間が早く、このまま新幹線に乗って帰るのも芸がなさすぎる。

「長野電鉄でがんばっているロマンスカーに会いに行きましょう」

当方に異議のあろうはずがない。さっそく駅前の地下道を通って長野電鉄長野駅に向

観光列車「おいこっと」の車内

かった。素晴らしきロマンスカーの旅は、明日のこころだぁ！

昭和レトロな雰囲気が漂う長野電鉄の長野駅

素晴らしき信濃のロマンスカー

感動した。いや本当に。

「令和阿房列車」の旅が行き当たりばったりなのは、皆さん先刻ご承知の通りだが、今回の旅で小田急10000形ロマンスカーの展望席に乗れるとは。

快速「おいこっと」で午後4時2分に我々は長野駅に降り立ったのは前回書いた。「歩く時刻表」こと私鉄大好きサンケイ君は、「44分後に長野電鉄長野駅から湯田中行きのA特急が発車します」とたちどころに、我々の進路を指示してくれた。

このA特急は「ゆけむり車両」、つまり小田急10000形が使われているのを把握していたのだ。同形は、バブル景気が始まった昭和62年に登場した。HiSE（High Super Express）の愛称をつけられ、「小田急の顔」として活躍したが、眺望の良いハイデッカー車（高床車）ゆえにバリアフリー化が困難で、平成24年に惜しまれながら完全引退した。

完全引退に先立って、長野電鉄に2編成8両が譲渡され、「ゆけむり」として走り始め

信州中野駅に停車中の元「ロマンスカー」長野電鉄の特急「ゆけむり」

たのは平成18年のこと。以来、17年間信濃路を駆け抜けてきた。

長野電鉄長野駅は、地方鉄道としては珍しく昭和56年に地下化されている。展望席は特急券（100円）のほか指定券（300円）も必要なのだが、果たして空いているだろうか。

小田急時代のHiSEは、週末に先頭車両の展望席を予約するのは至難の業で、私は一度しか乗っていない。

昭和の香り高い駅の窓口で聞いてみると、ちゃんとあと3席空いていた。クレジットカードは使えず、現金のみ可なのも昭和の香り高いが、鉄道の神様は、いつも優しい。

車内に足を踏み入れると、さすがに赤絨毯（じゅうたん）

が多少擦り切れていたものの、バブル時代にＨｉＳＥが醸し出していた空気そのまま。座席もしっかりしており、嫁ぎ先で大切にされてきたことがよくわかる。

電車は善光寺下駅を通過すると、初夏のまばゆい大地に飛び出した。しばらく住宅地を走っていったが、千曲川を渡ったあたりから信濃の田園風景が広がってきた。やはり「ロマンスカー」の展望席は最高だ。展望席に座っている皆さんのほとんどは、我々同様、愛好家の面々とお見受けしたが、実にいい表情をしている。無味乾燥な通勤電車じゃないんだから、看板列車はこうでなくてはならない。

世界遺産に倣って「日本バブル遺産」を創設するなら、小田急１００００形は堂々、選ばれてしかるべきだろう。

そうこうしているうちに信州中野駅に着いた。終点の湯田中まで乗って折り返してもいいのだが、我が腹中に策アリ。途中下車したところ、またまた思わぬ出会いがあった。

郷愁の信越ほろよい編最終回は、明日のこころだぁ！

【ついでに一言】小田急時代との色の違い

特急ゆけむりは元ロマンスカーの１００００形「ＨｉＳＥ」ですが、実は色が微妙に変

あこがれの的、「ゆけむり」の展望席は最高

ハイデッカー構造の「ゆけむり」

わっています。小田急時代はパールホワイトを基調に「ロイヤルケープレッド」と呼ばれるワインレッドの濃淡2色のラインが入っていましたが長野電鉄ではりんごの色をイメージした「長電レッド」1色に変更されているのです(S)。

夢か幻か16分間のバブル世界

世の中、本当に便利になった。せっかく信州まで来たのだから蕎麦を食って帰りたい。長野駅で「ロマンスカー」を待つ間、スマホで沿線の蕎麦屋をググっていると、信州中野駅近くに地元の名店「戸隠 伊勢屋」という評判店をみつけた。

温泉地でもある終点の湯田中にはまた訪ねる機会もあるだろうが、中野はまずなかろう。途中下車して夕暮れ迫る人通りのほとんどない駅前通りを歩いていると、「一期一会」という言葉が去来する。結論を先に書けば、この店は当たりだった。

意外にもお客さんが多く、「だいぶお待たせしますが」と店のおばさんは恐縮するが、後は帰るだけなので先を急ぐ必要はない。サンケイ君と地酒をちびりちびり酌み交わしながら待っていると、珍しいバイリングの天ぷらがやってきた。バイリングは、はくれい茸とも呼ばれ、新疆ウイグル自治区が原産。約20年前に中野市の農家が栽培に成功し、地元特産になったんだとか。歯ごたえがあるのに柔らかく、麦酒によく合う。蕎麦も言うことなし。

初代成田エクスプレスを使用している信州中野発須坂行きの短距離特急「スノーモンキー」

大満足で、ぶらぶら駅まで戻ると、長野行きが出た直後だった。ノープロブレム。
さて次の電車は、と駅の時刻表を見ると、サンケイ君が「スノーモンキーですよ!」と素っ頓狂な声をあげた。

信州中野駅員に教わった地元の名店「戸隠　伊勢屋」のざるそば

スノーモンキーとは、近くの地獄谷野猿公苑で冬、温泉につかるニホンザルのことだが、長野電鉄が、初代成田エクスプレス・253系電車をJRから譲渡された際、特急の愛称として採用したのである。

何たる幸運か。

でも午後6時58分発のスノーモンキー号は、なぜか長野まで行かず、途中の須坂止まり。駅員さんに聞いてみると、コロナ禍以前は、長野まで走っていたが、乗客の減少で須坂が終点になったという。

まあ、仕方がない。急いでホームに降りると、あぁ懐かしい。平成3年3月、バブル最後の年に颯爽と登場し、東日本大震災前に成田エクスプレスを引退してから13年。こんなところで再会しようとは。しかもバブルの香りを濃厚に遺すグリーン個室も健在だった。

乗客は我々2人。貸し切りだ。

「贅沢だねえ」

「我々の日頃の行いが良いからですよ」

サンケイ君がすました顔で言うが、その通りだと頷かざるを得ない。

迷うことなく個室料金1200円を払って威風堂々、乗り込んだ。検札にきた車掌さん

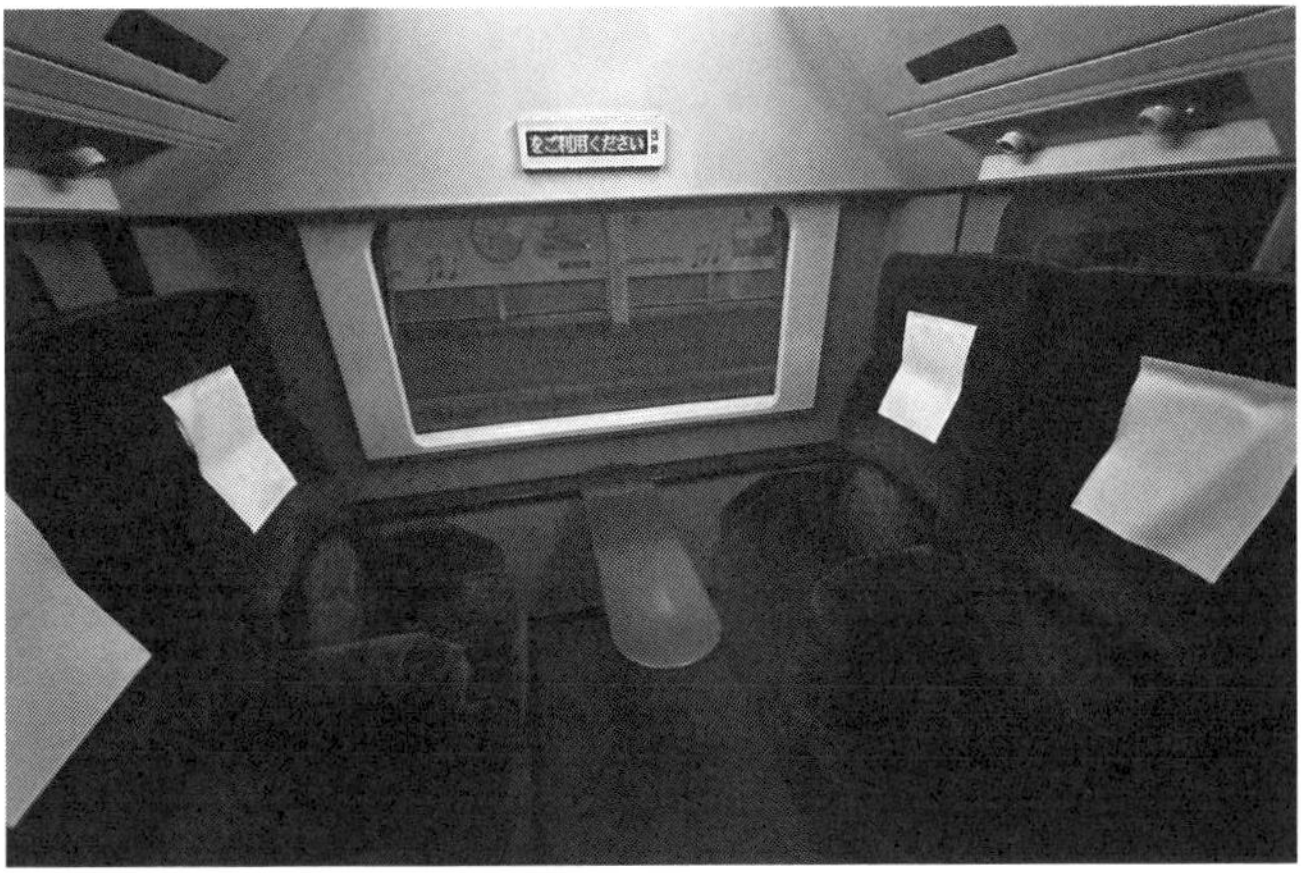

バブル時代の遺産、ゆったりとした4人用「グリーン個室」

が「いいんですか？」と尋ねるが、勿論、いいんです。

座席のリクライニングは経年劣化で使えないが、そんなことはどうでもいい。4人掛け座席そのものが、バブリーである。これまた小田急10000形電車とともに、「日本バブル遺産」に無条件で推薦したい。

暮れなずむ信濃路を初代成田エクスプレスが走る。行き先は、今はなきバブルの国だ。終着まではわずか16分。

夢よ、醒めるな。と、心の中で叫びつつ、明日からは「黒部の太陽」編のこころだぁ！

シン・令和阿房列車で行こう

第六列車 黒部の太陽編

- JR 東北、上越、北陸新幹線（東京 ── 黒部宇奈月温泉）
- 富山地方鉄道本線（新黒部 ── 宇奈月温泉）
- 黒部峡谷鉄道本線（宇奈月 ── 欅平）
- 関西電力黒部専用鉄道〈上部軌道〉（欅平 ── 黒部川第四発電所前）
- JR 大糸線（信濃大町 ── 松本）
- 中央本線（松本 ── 新宿）

第六列車

1

始まりは小学生の手紙だった

生まれて初めて小学4年生からファンレターをもらった。

前回の「令和阿房列車で行こう」シリーズが終わったことを惜しみ、次回もし再開することがあれば、ぜひ黒部峡谷鉄道を訪ねてほしい、とあった。

しっかりした文字で、同鉄道のトロッコ列車のイラストまで添えてある。嬉しさのあまり、住所と名前を伏せて手紙を同僚にみせてまわったが、「息子に書かせたんでしょう」(いえ、私の息子はもう社会人になりました)、「関西電力に頼みこんだのでは」(峡谷鉄道の親会社は関西電力だが、そんな手の込んだことはできません)といったおよそ「感動」の2文字とは無縁の反応が、ほとんど。「良かったですね」と言ってくれたのは、サンケイ君だけだった。

まぁ、それでこそ新聞記者である。何事も疑ってかからねば、真相にはたどりつけない。西から昇ったお日様が、東に沈むかもしれないと思い悩むのが、記者というものだ。

それでも真実は一つ。めでたく第2シリーズが出発進行した以上、小学生のリクエスト

電鉄富山駅で出発を待つ14760形。左はカターレ富山のラッピング電車

に応えるのが、大人の務めである。

さっそくサンケイ君に相談すると、「いいですね。黒部峡谷鉄道に乗るんだったら、終点の欅平(けやきだいら)でそのまま折り返さず、来年から一般に開放される予定の上部専用軌道も取材しましょう。私が折衝(せっしょう)します」といやにテキパキしている。

上部専用軌道とは、仙人谷(せんにんだに)ダム建設のため昭和14年に敷かれた軌道で、今も資材と作業員を運んでいる現役の軌道だが、一般客は乗れない。愛好家にとっては、一度は乗ってみたいトロッコ列車だ。ただ、記事にする当てもないのに取材を申請するほど鉄面皮(てつめんぴ)ではないので、今まで乗ったことがなかった。しかも手続きはすべてサンケイ君がやってくれるという。おんぶに抱っこ。私の好きな言葉です。ここは彼にすべて任せよう。

協議相整い、5月某日、毎日やってくる「シン・令和阿房列車で行こう」の締め切りの合間を縫って、まずは黒部峡谷鉄道の始発駅がある宇奈月温泉を目指すことになった。東京からは北陸新幹線に乗って黒部宇奈月温泉駅で降り、富山地方鉄道（略称・地鉄）に乗り換えるのが一番だ。ただ「はくたか565号」に乗ると、接続時間はわずか12分。サンケイ君は、先発して地鉄の始発駅・電鉄富山から乗車し、車内で合流する手はずになっている。新幹線の駅から地鉄の新黒部駅まで、時刻表では徒歩10分とあり、心配したが、目と鼻の先で杞憂に終わった。

定刻通り入ってきた電車は、真っ青な車体にサッカー選手が躍動する姿を描いたラッピング電車だった。聞けば、J3に所属するカターレ富山を応援するため2月から運行を始めたそうで、なかなかカッコいい。サッカーに興味がない小生もカターレ富山のJ2復帰を願ったほどだから効果絶大だ。お返しにサッカーファンもぜひ地鉄を応援してほしい。

何しろ宇奈月温泉までの途中駅は、どの駅舎も年季が入り過ぎて建っているのがやっとという風情だ。鉄製の駅名板に至っては錆びて読みづらいものがほとんど。転換クロスシートが魅力の14760形電車も車齢40年を超えた。

富山駅では北陸新幹線の改札のすぐ前に路面電車の乗り場がある

がんばれ！　地鉄。至福の宇奈月温泉は明日のこころだぁ！

【ついでに一言】上部専用軌道取材の理由
「人跡未踏の秘境」での電源開発。昭和11年から資材運搬の鉄道のトンネル工事が始まりますが、阿曽原付近で岩盤に当たり、最高166度の熱気が噴出しました。水を浴びながら掘削しましたが、ダイナマイトの自然発火で多くの人命が失われたといいます。これが「高熱隧道」です。同名の吉村昭の小説を読んで関心を持ち、平成27年に現地を取材しました。観光周遊ルートとして整備され、令和6年から一般開放されることになったため、今回取りあげました（S）。

宇奈月で三船敏郎の労苦を偲ぶ

午後3時53分新黒部発宇奈月温泉行き電車は、外見こそ令和風の青い洒落たラッピングを施しているが、車内は昭和の薫り高い転換クロスシートだ。

始発の電鉄富山駅から1時間20分以上乗っているサンケイ君は、「どうぞ、どうぞ」とまるで自宅の応接間に招じ入れるかのように迎えてくれた。

コロナ禍による規制が解除され、転換クロスシートを倒して向かい合わせで座れるのが嬉しい。雨男サンケイ君は、前回の「越乃Ｓｈｕ＊Ｋｕｒａ」で呑んだ日本酒のおかげで厄落としができたのか、本日も晴天なり。車窓いっぱいに広がる山々の緑がまぶしい。

午後4時17分、宇奈月温泉駅着。駅前の噴水は、水の代わりに無色透明の温泉水を景気よく噴き上げていた。実は宇奈月から温泉は出ない。ご当地から黒部川を上流に7キロ遡った湯量豊富な黒薙温泉からの引湯で、今年開湯１００年を迎えた。黒部川の電源開発が生んだ大正ロマン溢れる温泉地なのだ。

今宵の宿は、「桃源」にとった。実は、この宿も旅のきっかけをつくってくれた小学4

水田地帯を行く富山地方鉄道の普通電車

年生ご推薦の旅館なのである。

「部屋からのながめは最高です。地ビールの宇奈月ビールもおいしいそうです」

こう書かれたら泊まらざるを得ない。末恐ろしい才能の持ち主だ。

調べてみると、とても会社の経費では泊まれそうにない高級旅館だが、やむを得ない。

高級旅館「桃源」の夕餉

足が出た分は、自腹で払おうと清水の舞台から飛び降りる覚悟を決めて予約した。

いやぁ、泊まってよかった。

5月5日、石川県珠洲市で震度6強を記録した地震の影響で、急遽キャンセルが出たため広い部屋に同料金でアップグレードしてくれたのも幸運だった。会社にも家にも内緒だが、十数畳もある応接間付きでベッドルームが2つもある部屋に泊まったのは、わが生涯で初めてである。眼下には清々しい黒部川が流れる。湯上がりの冷えた宇奈月ビールは確かにうまい。

「まるで三船敏郎になった気分ですね」

彼が「男は黙って〇〇ビール」と宣伝したのは別銘柄だが、まぁいいとしよう。

実は三船は、この宿に泊まって黒部ダム建設に命をかけて取り組んだ男たちを描いた映画「黒部の太陽」のロケを陣頭指揮したという。昭和43年に封切られた同作は、大手映画会社から独立していた三船と石原裕次郎の二大巨頭が、がっちり組んだスペクタル巨編で大ヒットした。2人の俳優の命運をかけた映画づくりは、黒部ダム建設と同様、既成勢力の横槍もあり、苦難の連続だったという。無色透明な弱アルカリ性の単純泉が、三船とスタッフを癒やしたことだろう。

「黒部・宇奈月温泉 桃源」の客室からの眺め

宿の夕餉も期待に違わなかった。富山名物・白エビの天ぷらにホタルイカのしゃぶしゃぶ、アワビのバター焼きと、「御馳走帖」というエッセーまで書いた食いしん坊の百閒先生にも味わっていただきたかった。

部屋でのんびり朝寝を楽しみたかったが、上部専用軌道に乗るためには、午前6時半には起きねばならない。一般公開されていないので、接続するトロッコ列車を選べないためなのだが、後ろ髪を引かれるとはこのことだ。

いよいよ、小4生推薦の黒部峡谷鉄道のあれこれは、明日のこころだぁ！

時刻表に載らない列車に乗る

5月某日午前7時50分。あくびをかみ殺して黒部峡谷鉄道（略称・黒鉄）宇奈月駅の真ん前にある山小屋風の黒部川電気記念館にいる。

記念館は黒部ダムなど黒部川水系の電源開発の歩みと秘境黒部の魅力が短時間でわかる優れた施設だが、勉強不熱心な我々がわざわざ訪ねるはずがない。上部専用軌道に乗るためここでヘルメットを受け取り、ガイドから注意事項を聞くためだ。

ガイドをしてくれた黙阿弥さんは、トロッコ列車を何十年も運転し、定年後は請われて上部専用軌道を訪れる人々の案内役を務める「黒鉄の生き字引」。さっそくサンケイ君が、あれこれ尋ねていたが、細かすぎてよくわからなかったのでパス。

「危険だと私が判断した場合は、速やかに指示に従って避難してください」という黙阿弥さんの締めの一言で目が覚めた。

一刻も早くトロッコ列車に乗りたい。我々が乗車する午前8時37分発欅平行きは、時刻表に載っていない。ダムで働く人々や上部専用軌道を訪れる見学者を乗せて走る「混合列

鉄橋を渡るトロッコ列車

車」で観光客は乗れないのだ。

　黒部のトロッコ列車といえば、背もたれのないシートに屋根がついただけの開放型客車が有名だが、「混合列車」に使用されている車両は密閉型で、13両も連結している。牽引(けんいん)するのはEDR形電気機関車の重連で、軌間762ミリの特殊狭軌とは思えない重量感である。

　さあ、出発だ。いきなり鉄道写真愛好家、「撮り鉄」なら誰でも知っている真っ赤なアーチ橋である新山彦橋を渡る。真下を真っ青な黒部川が流れている。トンネルを抜けると、宇奈月ダムが見えてきた。ひと時も目が離せない絶景が続く。

　前の車両を見ると、今日の作業手順を確認

しているのだろう。多くの作業員がパソコンとにらめっこして、駅ごとに三々五々降りていく。水力発電はダムをつくり、下流に発電機を置いたら終わりの世界ではない。安定的に発電量を維持するためには日々のメンテナンスはもちろん、発電機器の修繕など大小さまざまな工事が必要なのだ。

笹平駅で降りた作業員の一人が、花束を抱えていた。

「誰かの誕生日なんですかねえ」と黙阿弥さんに何げなく聞くと、大きくかぶりを振った。

「山の神様に捧(ささ)げるんです」

映画「黒部の太陽」で描かれたように、黒部の大自然の厳しさは、今も昔も変わらない。特に冬は、黒鉄も運休せざるを得ず、作業員は荷物を担いで発電所に歩いていかねばならない。

夏場も一歩間違えば、命に関わる急峻(きゅうしゅん)な現場で仕事をせねばならないときもある。

「すべての作業員が、山の神様に感謝しているんです」と黙阿弥さんは言う。

黒鉄は観光鉄道ではあるが、電力供給を支える重要な産業鉄道でもあるのだ。

13両の車両を引っ張る重連の機関車は、「ナンダ坂、コンナ坂」と標高599メートルの欅平を目指す。終点での新たな出会いは、明日のこころだぁ！

新型のEDV型電気機関車の混合列車と交換

黒部峡谷鉄道の宇奈月駅

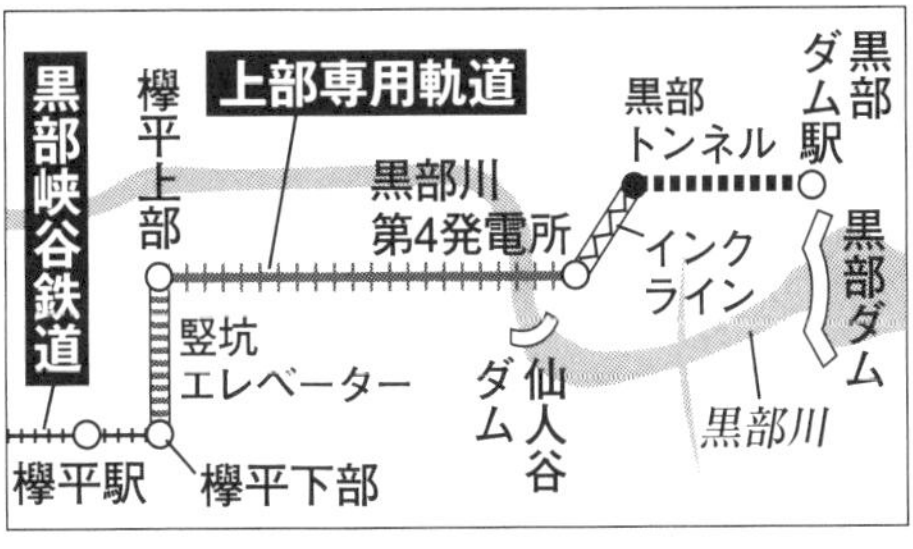

「高熱隧道」を走るマッチ箱列車

「ああ、いました、いました。写真を撮る時間は十分ありますよ」

終点の欅平（けやきだいら）駅でガイドの黙阿弥さんが、アイドルを見つけたかのように指をさした。黒部峡谷鉄道でも数少なくなった凸型のＥＤＳ13形機関車が客車の入れ替え作業を行っていたのである。登場してから65年。私より４つ先輩だ。いつまでも元気で走り続けてほしい。

我々の乗った客車は、作業員が乗っていた車両から切り離され、別の機関車に牽引（けんいん）されて欅平の駅から数百メートルトンネルを入ったところにある竪坑エレベーターの乗車口「欅平下部」で止まった。ここからヘルメットをかぶらねばならない。

ゴツゴツとした岩肌むき出しの「欅平下部」は、インディ・ジョーンズの世界に迷い込んだような空間だ。我々が探し求めるお宝「上部専用軌道」の乗り場は、ここからエレベーターで一気に２００メートル上昇した「欅平上部」にある。高さ２００メートルといえば、50階建ての高層ビルに匹敵する。

欅平駅構内での入換作業に使われている凸形のEDS13形電気機関車

竪坑エレベーターは、仙人谷ダム建設用の資材を運ぶため戦前の昭和14年につくられた。同ダムは黒部川第3発電所の取水用として計画されたが、発電所のある欅平から上流はあまりにも急峻(きゅうしゅん)で、川沿いに鉄道を敷設するのは不可能だった。窮余の一策として山の中腹をくり抜いて竪坑を掘り、エレベーターを設置したのである。戦前にこれほどの建造物がつくられていたとは驚きである。

「欅平上部」まで1分と少し。あっという間だった。

さあ、いよいよ上部専用軌道である。蓄電池式機関車に牽(ひ)かれた客車はマッチ箱のようだ。しかも耐熱仕様である。それはなぜか。

ここから仙人谷ダムまで5・5キロ。本格

的にトンネル工事が始まったのは、日中戦争が勃発した昭和12年だが、掘り進めるにつれ、岩盤温度が上昇し始めたのである。当初はセ氏65度だったのが、100度を超え、ついには166度に達した。

これではまともな工事はできない。熱中症でバタバタと作業員が倒れたのは序の口で、ダイナマイトの自然発火による暴発事故が何度も起き、多数の死傷者が出た。加えて昭和13年12月には、大雪崩が作業員の寝泊まりする飯場を直撃し、84人が死亡した。見るに見かねた富山県警察部が工事中止命令を出したほど。電源開発は国策だったため、工事は続行されたが、犠牲者総数は300人を超えた。

この難工事を「高熱隧道」（新潮文庫）という小説にまとめた作家の吉村昭は、取材で上部専用軌道に乗ったときの模様をこう書いている。

「急速にたかまってくる熱気とそして湯気の密度に、私は、なにかこの隧道内に異常事態が起っているのではないかと思った。（中略）その異常な熱さは私の落ち着きを失わせた」

「異常な熱さ」とは、どのくらいの熱さなのか。熱さに弱く、サウナで整うことができない私はどうすればいいのか？

スリルとサスペンスいっぱいの「高熱隧道」乗車記は、明日のこころだぁ！

高熱隧道を通る上部専用軌道の蓄電池式機関車＝欅平上部駅にて

欅平下部の竪坑エレベーターの入り口、50階建てに相当する高さを上がる。
レールは関西電力専用

中島みゆきは黒部の女神である

さっきからサンケイ君が、しきりに首をかしげている。

「あまり熱くありませんね」

「そうだね」

定員10人のマッチ箱のような耐熱客車は、「高熱隧道」のハイライトである阿曽原(あぞはら)—仙人谷間(せんにんだにま)を走っている。

窓は構造上完全に閉まっているので、写真撮影のため扉を少し開けてもらったのだが、車内になま温かい風が吹きこんでくるだけ。サウナとはほど遠い。

前回紹介したように、トンネル工事中、岩盤の最高温度がセ氏166度を記録し、多くの死傷者を出したあの区間である。

実はサンケイ君、10年ほど前にも乗っており、そのときは阿曽原に近付くと、にわかに車内の温度が上昇。窓外に出したカメラのレンズもたちまち曇り、ほとんど撮れなかったという。今回はご覧の通り、クリアに撮れている。

岩盤最高温度166度を記録した高熱地帯を穿った高熱隧道へ続く軌道

「実は『高熱隧道』は最近、高熱でなくなっているんです」ガイドの黙阿弥さんが、申し訳なさそうに言う。いえいえ、熱が下がったのは、結構なことです。

約10年前の上部軌道。高熱隧道が近づくとレンズが曇った

前にも書いたように、上部専用軌道は、来年の一般開放を目指して安全対策工事を急ピッチで進めている。

以前から冷却用の導水管は整備されていたが、落盤防止のためトンネルの壁面にモルタルを吹き付けるなど補強工事を進めていくうちに、なぜか温度が下がったのだという。

ちなみに一般開放時には、客車が新造され、走行時には窓も扉も開かないんだとか。

「どこかのアトラクションのように、この区間を走るときは車内に霧を出し、暖房をかけて気分を出してはどうですか」

なかなかいいアイデアだと思うが、黙阿弥さんが笑ってスルーしたのは言うまでもない。

なま温かかった車内の空気が、山の冷気に変わったと思ったら仙人谷駅だ。上部専用軌道唯一の「地上駅」で、降りることができる。目の前は、戦時中の昭和15年に完成した仙人谷ダムだ。新緑と雪山を背景とし、満々と水をたたえたダムは、完璧なまでに美しい。

一般公開されれば、立山黒部アルペンルートに新たな魅力を添えるのは、間違いない。

次は終点の黒部川第四発電所前駅だが、駅の直前で黙阿弥さんが、再び扉を少しあける。

「ここも熱いんですか?」

「いえいえ、ここで中島みゆきさんが歌ったんです」

仙人谷駅から仙人谷ダムを望む

そうか、思い出した。

21年前のNHK紅白歌合戦で彼女は、この場所で黒部ダム建設の苦闘を扱った人気番組「プロジェクトX」の主題歌「地上の星」を熱唱したのである。

第4発電所の応接室には、極寒の中歌い上げ、疲れ果てた彼女が横になって休んだソファが、「みゆきベッド」として今も保存されていた。

みゆきファンにとっても「くろよん」は聖地の一つだろうが、「くろよん」で働く人々にとって中島みゆきは、女神なのだ。歌の力は本当に偉大である。明日は、謎のインクラインと黒部ダムのこころだぁ！

インクラインは鉄仮面の巨人だ

上部専用軌道の終点は、黒部川第四発電所（黒四）だ。もともとの終点は、仙人谷ダムまでだったのを、戦後、関西電力が黒四と黒部ダム建設のため延伸したのである。だが、軌道が敷けたのは発電所までだった。ダム建設予定地までは、標高差が約500メートルあり、とても無理。大量の資材と作業員を別の方法で運び、かつ長野県側から新たなルート確保が必要だった。

北アルプスの赤沢岳をトンネルでぶち抜こうという壮大なプランだが、当然、巨額の資金が必要となる。しかも成功するかどうかわからない。

並の経営者なら断念するところだが、関電初代社長の太田垣士郎は、「戦後復興は電力の安定供給が不可欠だ」との信念でゴーサインを出す。発電所玄関には彼のレリーフとともに次の言葉が掲げられている。

「経営者が十割の自信をもって取りかかる事業。そんなものは仕事のうちには入らない。七割成功の見通しがあったら勇断をもって実行する。それでなければ本当の事業はやれる

インクラインは途中で軌道が2本になり、行き違える

ものじゃない」

　感銘深い。サンケイ君がさっさと通り過ぎようとするので、呼び止めて読ませた。

「経営者じゃなくてよかったです」と、正直に言うので訓戒を垂れようとしたが、やめた。

　一方、富山側ルートの「別の方法」として登場したのが、インクラインである。

　インクラインとは、斜面にレールを敷き、動力で台車を走らせて荷物などを運ぶ装置で、早い話、巨大なケーブルカーだ。

　発電所の乗り口で待っていると、ゴォオ、ゴォオと巨人のうなり声のような轟音が聞こえてきた。ゆっくり、ゆっくりと鉄仮面のようなインクラインが降りてきたのだ。最大25トンの荷物を運べるほどデカい。

中は結構広く、ベンチシートが並べられている。

傾斜角度は34度。下から見ると、とても歩けそうにない角度だが、ガイドの黙阿弥さんは「万が一の場合は、側道を歩いてもらいますが、救援の者が来るまで動いてはいけません」と、淡々と注意事項を伝達する。ヘルメットの紐を結び直したのは言うまでもない。標高869メートルの発電所から同1325メートルにある黒部ダムの作廊まで20分。坂の真ん中あたりで、下りと行き違うが、迫力満点だ。

終点では、バスがお出迎え。黒部ダムまではまだ40分かかる。朝も早かったので、目をつぶったのもつかの間。黙阿弥さんの「どうぞ降りてください」という大きな声で目が覚めた。えらく早いなと思ったら横坑を見学させてくれるという。

横坑とは、掘削した岩石を捨てるため本坑とは別に掘ったトンネルで、寒いくらいにひんやりしている。しばらく歩き、「どこでもドア」のような扉をあけると、まぶしい外界に出た。残雪を抱いた北アルプスが、眼前に迫る。登山者の特権だったこの眼福が、来年には気軽に味わうことができるとはありがたい。黒部ダムはもうすぐだ。感謝感激雨あられの「シン・令和阿房列車」最終回は明日のこころだぁ！

横坑を抜けると剱岳の雪渓が

横坑と筆者

トロッコ列車には発電設備などに勤務する関係者のための食料品なども積み込まれている

第六列車
7

旅の終わりは大糸線直通特急

バスは、インクライン乗り場から40分かけて黒部ダム駅に着いた。駅といっても山中のトンネル内にある。ここから黒部ダム展望台まで220段の階段を上らねばならない。駅で扇沢行きの電気バスに乗り換えられるのだが、ガイドの黙阿弥さんの手前、ダムへ行かないわけにはいかない。平気な顔をして上り始めたが、結構、きつい。途中で飲む黒部の湧き水は最高だが、2度も小休止した。

テレビや映画で既視感があるせいか、展望台からの眺めは、まあこんなものだろう。次回は堰堤(えんてい)に下りるだけでいい。

さぁ、最後は映画「黒部の太陽」の主舞台となった関電トンネルを電気バスに乗って抜けよう。赤沢岳(標高2678メートル)を貫通する関電トンネルは、昭和31年8月、工事が始まったが、翌年5月、地鳴りとともに水が滝のように流れ、岩石があふれ出し、掘削面が崩壊した。大破砕帯にぶつかったのだ。現場は、セ氏4度、毎秒最大660リットルもの湧水が出た。

展望台から黒部ダムを望む。「まあこんなもの」ではなく絶景です（サンケイ君談）

工事は中断し、駆けつけた関電の太田垣士郎社長は、「鉛筆一本、紙一枚を節約してでも、黒四の工事には不自由させない。必要なものは何でも送るから頑張ってくれ」と現場を叱咤（しった）激励したという。幅80メートルの破砕帯は、艱難（かんなん）辛苦の末、7カ月後にようやく突破された。

現場はいま、青い看板とライトで「大破砕帯」の存在を今に伝えているが、電気バスに乗っていると、あっという間に通過するのでお見逃しなきように。

扇沢で黙阿弥さんとお別れ。おかげさまでいい勉強になりました。いつまでもお元気で。

信濃大町駅では、大糸線でただ一本となった新宿直通特急「あずさ46号」に間一髪、間に合った。この駅もローカル線のご多分に漏れず、指定席を自動販売機でしか売っていない。発車間際まで何人も列をつくっており、危うく乗り遅れるところだった。外国人観光客も多い駅なので、ハイシーズンはどうなることやら。と、いらぬ心配をしていたら、いつの間にか終着駅の新宿に近づいていた。

皆さま、長らくのご乗車、誠にありがとうございました。今回も行き当たりばったりの中年男二人旅におつきあいいただき、感謝の言葉もありません。

偶然とは恐ろしいもので、「信越ほろよい編」でたまたま訪れた長野県中野市で、３週間後に凄惨（せいさん）な殺人事件が起ころうとは。本当にのどかな田園都市なのに。「四国らんまん編」も高知の喫茶店で地元紙を読んで初めて、ＮＨＫ朝の連続テレビ小説の舞台になることを知り、勝手に便乗させてもらいました。

世の中、どこに出会いがころがっているか、わからない。ハプニングを楽しむ余裕をもって、どんどん旅に出てください。できれば列車に乗って。

ちょうど時間となりました。ご縁があったら、またお目にかかりましょう。

黒部峡谷鉄道の車窓からしか見えない、西洋の城のような新柳河原発電所

松本駅で出発を待つ特急あずさ
一日一往復の大糸線直通の「あずさ」グリーン車に飛びのり帰京

最終列車
未来行

リニアとローカル線に乗って

　どうした風の吹きまわしか、令和阿房列車の霊験か、社内きっての一言居士である大老記者が、メディア向けリニアモーターカー試乗会の募集用紙を「やるよ」とポンと渡してくれた。どうやら大老記者も還暦を迎え、人間が丸くなったらしい。

　そういえば、今シリーズにＪＲ東海は登場していなかった。リニア建設に情熱を傾けていた元ＪＲ東海名誉会長、故葛西敬之氏には、いささかの義理もある。時速５００キロを体感すべく、山梨県都留市にあるリニア実験線に行ってきた。

　実験線は42・8キロもあり、東京—戸塚間より長く、大阪—京都間と同じ。実験センターの最寄り駅は大月なので、特急「かいじ」に乗って出かけた。

　実験センターで初対面したＬ０系改良型試験車は、かものはし型新幹線をさらにスマートにした顔つきで、先頭車の長さは28メートルもある。

　運転席のように見えるのは、前照灯とカメラで、もちろん運転士は乗っていない。

リニアL0系改良型試験車

さて、高速走行時、超電導磁石によって浮上するリニアモーターカーは、「鉄道」と呼べるのか。辞書を引くと、「レールの上を車両を走らせ、人・荷物を運ぶ運輸機関の総称」（新明解国語辞典）とある。

実験線を案内してくれたJR東海の甘木さんに聞くと、「もちろん鉄道です」と即答し

た。

「リニア中央新幹線は、東海道新幹線が積み上げてきた歴史を引き継ぐものです。第一、レールの代わりにガイドウエーがあるでしょ」

なるほど。さっそく他社の記者たちとともに車内に入る。

すると、指令センターから「ご搭乗ありがとうございます」のアナウンスが。

ご搭乗？　やっぱり、飛行機なのか。三球・照代じゃないが、これじゃあ、一晩中眠れなくなる（相変わらず古いネ。※春日三球・照代は「地下鉄の電車はどこから入れたの？それを考えてると一晩中寝られないの」の地下鉄漫才で70年代後半にブームとなった夫婦漫才コンビ）。

静かに、静かに、リニアは出発した。最初はゴムタイヤで走り、まもなく浮上するのだが、言われないとわからない。時速400キロまでは、ほとんど揺れない。あっという間に500キロに達すると、車内からは「オぅ」という軽いどよめきが。さすがに少々横揺れがしたが、どうということはない。

やはりリニアは、鉄道だ。根拠はないが、これでいいのだ。

わからずやの静岡県知事が邪魔をして品川―名古屋間全通のメドすら立っていないが、

リニアL0系のシート

ここは首相の岸田さんが乗り出して説得しないといけない。日本固有の技術を、一知事のわがままで頓挫させてはいけない。

確かに鉄道愛好者の中でも「東京—大阪間ならまだしも名古屋までならあまり意味がないのでは」「大規模な破砕帯がある南アルプスに長大なトンネルを本当に掘れるのか」といったリニア建設に批判的な声も少なくない。

しかし、東海道新幹線の建設が決まった昭和30年代だって、「鉄道は時代遅れ。そんなカネがあれば、高速道路や飛行場を整備した方がいい」といった懐疑論が大蔵省（現在の財務省）内に強かったという。

今や新幹線がもたらした莫大な経済効果を

疑う者は、誰一人としていない。

リニア中央新幹線によって東京・名古屋間が40分で結ばれれば、大げさに言えば、首都圏と名古屋圏が事実上、一体化する。

何しろ、リニアが発車した同時刻に品川から東海道線に乗れば、藤沢に着くころリニアは名古屋なのだから、距離の概念が今以上に曖昧になる。もちろん、大阪までたった1時間で着けば、日本は確実に変わる。

大阪、名古屋だけではない。現在、JR橋本駅付近でリニア中央新幹線「神奈川県駅(仮称)」(神奈川県相模原市緑区)の建設が進んでいるが、橋本から品川まで10分もかからなくなり、橋本と多摩地区が文字通りの新都心に化ける可能性を秘めている。30年以内に起こる可能性が高いと懸念されている首都圏直下型地震への備えともなろう。

そんな国家的プロジェクトを、静岡県の川勝平太知事は、科学的根拠のない「トンネル工事によって大井川下流域の利水に支障が生じ、県民の生死にかかわる」といった〝流言〟を理由に掲げて邪魔し続けている。

その一方、長年にわたって大井川流域住民の足となってきた大井川鉄道が、水害によっていまだ不通(家山—千頭間)になっているのに、復旧費用を出し渋っている。万年赤字の富士山静岡空港には、湯水のごとく県税を投じているというのに。

一事が万事で、言行不一致も甚だしく、とても県知事には向いていない（そんな彼を知事に四度も選んだ静岡県民の皆さん、次回はちゃんと考えて投票してくださいよ）。

ようやく静岡県議会も重い腰をあげ、自民党などが知事の不信任案を提出したが、わずか1票差で否決された。本当に悪運が強い。立憲民主党に籍を置く2人の県議が、不信任に反対した事実を覚えておこう。

静岡駅での停車時間が少々長くなってしまった。そろそろ出発しよう。

晴れてリニア開通の暁には、新幹線に余裕が出るので、東京―鹿児島間に豪華夜行寝台列車を走らせてもらいたい。ＪＲ東海さん、頼んますよ。

リニアと並んで鉄道の将来を左右する大問題が、ローカル線の存廃問題だ。ＪＲ東日本、東海、西日本のＪＲ三社は、新幹線や都市部で得ている利益で地方ローカル線の赤字を補ってきたが、歯止めのかからぬ少子高齢化でそうもいかなくなってきた。そこへコロナ禍が直撃し、「令和のローカル線虐殺」が現実のものとなろうとしている。

既に北海道では、深川と増毛（ましけ）を結んでいた留萌（るもい）本線が切り刻まれ、残る深川―石狩沼田間も令和8年3月末をもって消滅することが決まった。本書でも触れたように、北海道新幹線が札幌まで開通すれば、小樽―長万部間の函館本線も消える。JR北海道発足以来、路線は縮小に縮小を重ねているが、これでいいのだろうか。北海道出身で、葛西氏らとともに「国鉄改革三人組」と称されたJR東日本元会長、松田昌士（まつだまさたけ）氏に晩年、何回かお目にかかったが、そのたびごとに「なんとかJR北海道を助けてやりたい」と繰り返していた。国鉄民営化時、本州三社と違ってドル箱路線を持たない北海道は、当初から苦戦が予想されたため、自らが采配を振るしかないとJR北海道への配属を希望したが、認められなかったという。

北海道だけではない。令和4年4月、運行維持が困難とされる輸送密度（路線1キロ当たりの平均利用客数）2千人未満の路線（17路線30区間）の収支を初めて公開したJR西日本も悲鳴をあげている。経営基盤の弱いJR九州、四国はむろんのこと、山手線や中央線などドル箱路線を多数保有し、現時点では最も余裕のあるJR東日本も久留里線など一部ローカル線の廃止に動いている。

確かに現状のまま、乗客の少ないローカル線に漫然と列車を走らせていれば、行き詰まるのは誰の目にも明らかだ。経済合理性で考えれば、バス転換もやむを得ないと思っている読者の皆さんも少なくないのではないか。

だが、経済合理性から考えてみてもローカル線は維持すべきなのである。令和5年7月15日、熊本地震で大きな被害を受け、7年もの長きにわたって一部区間が運休に追い込まれていた南阿蘇鉄道が、全線復旧した。当日は、多くの住民やファンが沿線に詰めかけ、復旧を祝う小旗を振った。中には、涙を流して喜ぶお年寄りもいて、ニュースを見たこちらも目頭が熱くなった。当日のNHKや民放各局のニュース番組は、すべて「南阿蘇鉄道全線復旧」を扱っており、宣伝効果は軽く億単位に及んだ（民放キー局でコマーシャルを放映すると、15秒75万円が相場になるため）。わが愛好家仲間2人もさっそく現地入りし、沿線の温泉宿に宿泊するなど、いささかなりとも地域経済に貢献した。

もし、7年前に廃止に踏み切っていれば、沿線はどうなっていたことだろう。南阿蘇鉄道の「奇跡の復活」は、自治体などが線路などインフラを保有し、事業者は運行だけに専念する「上下分離方式」を採ったから可能になった。少子高齢化社会が駆け足でやってきた日本で、決定的に欠けているのは、地方でも都会でも「移動の自由」は保障されねばならない、という欧米では当たり前の考え方である。後期高齢者が、いつまでも運転免許を持つことの危険性は、池袋の事故を例に出すまでもない。一方で、お年寄りが免許を返納した後、どこへも行けなくなったのでは本末転倒である。鉄道、バス、タクシーなど公共交通機関を道路同様、日常生活に不可欠な社会インフラとして位置づけ、国や自治体が関与する「上下分離方式」をJRでも導入すべきなのだ。

ローカル線を熱く語っているうちに、「令和阿房列車」も終着駅に近付いてきた。休みをつぶして同行し、写真を撮りまくってくれたサンケイ君の助けなくして「令和阿房列車」は運行できなかった。締め切り時間が近づかねば書けない筆者を叱咤激励し、なかなか出てこない原稿をひたすら待ち続けてくれた黒兵衛デスクの忍耐力も驚嘆に値する。読みやすいレイアウトを考案してくれた整理部さん、細かい赤字を指摘してくれた校閲さん、国鉄全盛時代の資料写真をあっという間に探し出してくれた写真報道局の皆さんと、数え切れぬ多くの仲間に支えていただいた。単行本化にあたって懇切丁寧なアドバイスをいただいた飛鳥新社の工藤博海氏（これは本名です）には、足を向けて寝られない。この場を借りて御礼申し上げる。もちろん、三角編集局長も忘れちゃいませんよ。

なによりもわが家族と内田百閒、小沢昭一の両御大、そして終着駅までお付き合いいただいた読者の皆様には感謝の言葉しかない。スマホやパソコンで手軽に情報を得るのが、ごくごく普通になった世の中で、わざわざ御足を払って紙の新聞を読み、本を買ってくださるお客様は神様です。三波春夫は、本当に良い台詞を遺してくれたと、還暦を過ぎると

しみじみと思う。またいつか産経新聞の紙面などでお目にかかれることを祈念しつつ、この続きは来年のこころだぁ⁉

乾正人（いぬい・まさと）

産経新聞上席論説委員兼特別記者兼コラムニスト。

昭和37（1962）年神戸市生まれ、甲陽学院高校卒。昭和61（1986）年筑波大学比較文化学類卒、産経新聞社入社。政治部長、東京本社編集局長、論説委員長を経て現職。

令和阿房列車で行こう

2023年9月7日　第1刷発行

著　者　乾正人
発行者　大山邦興
発行所　株式会社　飛鳥新社
〒101-0003東京都千代田区一ツ橋2-4-3
光文恒産ビル
電話（営業）03-3263-7770（編集）03-3263-7773
https://www.asukashinsha.co.jp

装　幀　bookwall
写　真　大竹直樹、産経ビジュアル
地図作成　ハッシイ

印刷・製本　中央精版印刷株式会社

ISBN978-4-86410-970-3

編集担当　工藤博海